COCINA VEGANA CASERA

Primera edición: mayo de 2017
Segunda edición: marzo de 2018

© de las recetas y elaboración de los platos: Zaraida Fernández Altabás

© de las fotografías: Ariadna Creus

© 9 Grupo Editorial
Lectio Ediciones
C/ Muntaner, 200, ático 8ª • 08036 Barcelona
Tel. 977 60 25 91 • 93 363 08 23
lectio@lectio.es
www.lectio.es

Estilismo: Judit Pous

Diseño y composición: Imatge-9, SL

Impresión: Anman Gràfiques del Vallès, SL

ISBN: 978-84-16918-12-6

DL T 527-2017

COCINA VEGANA CASERA

100 recetas dulces y saladas

Zaraida Fernández Altabás

FOTOGRAFÍAS DE ARIADNA CREUS

ediciones
Lectio

PASIÓN

Si alguien me pregunta qué es lo que más me apasiona en la vida, no dudaría ni un segundo en contestar: la cocina, cocinar.

Sólo entiendo mi vida detrás de los fogones, ya de pequeña prefería jugar con las ollas que con otras cosas, cocinar y crear recetas siempre me ha hecho realmente feliz.

Decidí estudiar cocina en la Escuela de Hostelería de Barcelona con el fin de obtener mi sueño, que, como el de cualquier cocinero, es abrir mi propio restaurante. Empecé con muchas ganas de aprender y, como siempre he sido muy intrépida e interpreto la vida como un continuo aprendizaje. Trabajé en todo tipo de cocinas: residencia de ancianos, restaurantes, bares de tapas, cocina de autor, escuelas, pastelerías, haciendo un *stage* en París o trabajando en un restaurante de estrella Michelin…, pero el ritmo de la cocina profesional es muy duro y siempre supe que algo fallaba, no encontraba mi sitio. Así que desistí de mi sueño y decidí tomarme un descanso. Es durante ese descanso que… surgió un cambio.

Es en ese intervalo de mi vida que decidí adoptar en FAADA a mi perra Lola y es ella quien tuvo un papel importantísimo en mi vida: trajo el amor, el respeto y me metió en el mundo de la protección animal. Tras Lola vinieron más adopciones… Elvis, el podenco más especial del mundo, y tras ellos las gatas Xixi, Jaimie, Lulú y Cupcake. Son ellos quienes hicieron que me adentrara en el mundo de la protección animal y que un día, por casualidad, cayera en mis manos una copia del video *Earthlings*, que en mi caso fue decisivo, de repente en mi interior hubo un *click*, en mi corazón encajaron todas las piezas… Siempre a parte de cocinar he tenido otra pasión: los animales… En ese *click* entendí que para mí no podía ser coherente cocinarlos y quererlos, no quería alimentarme de ellos… Así que decidí dar el paso al veganismo y no consumir ningún ingrediente de origen animal.

En esa época no había tanta información al respecto de la dieta vegana, así que me tocó hacer el camino sola y usar mis conocimientos en la cocina para veganizar las recetas que siempre me habían gustado. En ese momento decidí crear un blog, The Xixi's Club (en honor a mi gata), para yo misma ir recordando mis recetas y ayudar a los demás con ellas. El blog empezó a tener muchas visitas y nos animamos con la TVAnimalista a grabar el programa de cocina que hoy en día se emite en varios canales, el *V de Gust*, y hace casi tres años decidí abrir mi propio negocio de comida vegana para llevar, VegetArt Cuina Vegana, en el emblemático barrio barcelonés de Gràcia, donde la recibida de los vecinos fue impresionante.

Es a través de este libro que tenéis en las manos que quiero ayudar a todas las personas que han decidido dar el paso a una dieta más ética, a las personas que quieren aprender a cocinar sin animales o simplemente sienten curiosidad, tienen un invitado y no saben qué hacer…

Quería agradecer a las personas que me han acompañado y apoyado en estos momentos. A mi familia: mis padres, mi hermano y Desi, mis sobrinos Adrián y Daniel y en especial Jean Charles, Anne y Charlise; a los animales que conviven y han convivido conmigo: Brutus, Lola, Elvis, Miss Xixi, Lulú, Jaimie, Lady Cupcake y Mademoiselle Frufrú; al equipo de VegetArt: Luigi, Mercè, Rut, Marco, Fede, Simo, Fina y Carol; a mis amigas: Gemma (gracias, mijirrita), Mar (por estar de forma incondicional cuando empezaba), Fabiola y Carlos, Consuelo, Sandra y Montse; a Ariadna de Els Magnífics por captar mi propia esencia y la de mi cocina en sus fotos y conseguir que hacerlas fuera muy divertido; a Marta de Midietavegana; a los que han adquirido este libro; a los que dedican su vida a luchar por los animales y a los que vienen a la tienda… Pero sobre todo a Carles, sin cuyo apoyo y soporte incondicional nada habría sido posible y además es "el mejor amigo que he tenido nunca".

Somos lo que comemos, pues basemos la cocina en el amor…

Espero que disfrutéis tanto como yo de estas ahora vuestras recetas veganas.

LA AUTORA

primavera

ALCACHOFAS CON CHIMICHURRI

Ingredientes para las alcachofas
- 1 kg de alcachofas
- 1 limón
- agua

Ingredientes para el chimichurri
- ñora seca
- 1 guindilla
- 6 dientes de ajo
- un manojo de perejil
- aceite de oliva virgen

>> Limpiamos las alcachofas: quitamos las hojas más duras con la ayuda de un cuchillo y dejamos sólo el corazón. Conforme las vamos cortando, las ponemos en agua con unas gotas de limón para que no ennegrezcan.
>> Las escurrimos y las ponemos a hervir en una olla grande con agua y también con unas gotas de limón y las cocemos hasta que estén tiernas. Las dejamos enfriar.
>> Hacemos el chimichurri triturando todos los ingredientes con la batidora. Lo dejamos reposar cuantas más horas mejor y en el momento de servir rociamos las alcachofas con la salsa y añadimos unos cristales de sal. Las podemos servir frías o calientes.

Podemos comprar en establecimientos internacionales el chimichurri ya preparado en seco y sólo habrá que añadir aceite o salsa ya preparada.

HUMMUS CON ACEITUNAS DE KALAMATA

Ingredientes

- 1 kg de garbanzos
- ½ limón
- 1 cucharada sopera de tahina
- 200 g de aceitunas de Kalamata
- 2 cucharadas soperas de aceite de oliva virgen
- 2 dientes de ajo
- 4 cucharadas soperas de agua de la cocción de los garbanzos
- una pizca de comino

>> Ponemos los garbanzos en remojo una noche. Al día siguiente, los colamos y los ponemos en una olla a presión a cocer unos 35-40 min. Dejamos que se enfríen.

>> Sacamos el hueso de las aceitunas, ponemos todos los ingredientes en la batidora y trituramos hasta que quede una pasta. Dejamos reposar unas horas antes de servir para que los sabores tengan más intensidad.

>> Se puede consumir en bocadillo, con tostaditas tipo paté, rellenando endibias, con *crudités*...

Si usamos los garbanzos cocidos iremos más rápido. Podemos usar cualquier tipo de aceitunas (también verdes, o de empeltre...), aunque esta variedad griega le aporta un toque muy original.

ENSALADA GRIEGA

Ingredientes

- 1 kg de tomates verdes
- 1 kg de pepinos
- 1 yogur de soja sin azúcar
- 10 hojas de menta fresca
- 200 g de tofu duro
- ½ limón

>> Cortamos el tofu en dados y lo secamos con una servilleta de papel. Cortamos los tomates y los pepinos pelados en trocitos del mismo tamaño que el tofu. Los reservamos en un bol.

>> Para hacer la salsa, picamos las hojas de menta y las añadimos al yogur junto con el zumo de limón. La mezclamos con los tomates, los pepinos y el tofu, lo salpimentamos y lo dejamos reposar unas horas. Servimos la ensalada fresquita.

El tofu en este caso es mejor si lo compramos duro y lo cortamos a dados. Si no nos gusta su sabor, lo podemos macerar con salsa de soja, ajo en polvo y/o especias.

TIMBAL DE PATATA

Ingredientes

- 2 kg de patatas agrias
- 3 aguacates maduros
- unas gotitas de lima
- 2 tomates
- aceitunas rellenas de pimiento cortadas a rodajas
- 1 cucharada de margarina vegana
- 1 cucharada de leche de soja

>> Ponemos a hervir las patatas con piel bien lavadas hasta que estén tiernas. Una vez frías, las pelamos y las aplastamos en un tazón grande con un tenedor o un aparato especial para hacer puré. Añadimos una cucharada de leche de soja y otra de margarina hasta obtener el puré.

>> Pelamos los aguacates, los aplastamos junto con la lima y los salamos. Añadimos el tomate a daditos muy pequeños.

>> Para montar el plato, ponemos una capa de patata, otra de crema de aguacate y otra de aceitunas y vamos alternando. Lo servimos fresquito.

Si nos gusta el picante, queda genial echándole unas gotas de tabasco.

WRAP CON QUESO CREMA DE TOMATES SECOS Y GERMINADOS

>>>

Ingredientes
- 1 tortilla de trigo
- 200 g de anacardos
- 50 g de tomates secos
- una pizca de ajo en polvo
- 150 g de brotes de espinacas
- 200 g de frijoles negros cocidos
- 50 g de maíz
- germinados de rabanito, brócoli, alfalfa…

>> Primero hacemos el queso crema: dejamos los anacardos y los tomates en remojo unas seis horas, hasta que estén muy blandos. Colamos el agua y lo trituramos junto con el ajo y un poco de sal, hasta que tenga una textura untuosa.

>> Ponemos el paté en la base de la "tortilla", añadimos los brotes germinados, los frijoles negros, el maíz y los brotes de espinacas crudos. Lo enrollamos y servimos.

Podemos usar cualquier paté vegano comercial del mercado o hacer uno simplemente triturando lentejas con un poco de *curry*, etc. Si no podemos comer trigo, podemos sustituir las tortillas por hojas de arroz.

CLOTXA

Ingredientes
- 4 panes de payés pequeños
- 3 cebollas
- 4 pimientos rojos
- 4 pimientos verdes
- 2 dientes de ajo
- 4 tomates
- un puñado de aceitunas negras muertas sin hueso
- aceite de oliva virgen

>> Para empezar, ponemos a asar en el horno las verduras por separado, ya que cada una tiene tiempos diferentes de cocción. Dejamos que se enfríen y pelamos los tomates y los pimientos.

>> Tomamos los panecillos y les sacamos la miga. Ponemos dentro los ajos cortados muy pequeños, un poco de cada una de las verduras, las aceitunas y acabamos con un buen chorrito de aceite de oliva virgen. Lo tapamos y lo dejamos reposar unas horas antes de comerlo.

  Si nos gusta el chorizo vegano, podemos ponerle un poco desmenuzado por encima (ver receta en la página 102).

SÁNDWICH DE BERENJENA AHUMADA CON *ROMESCO* Y BROTES

Ingredientes

- pan de espelta hecho con masa madre
- 3 berenjenas
- unas gotas de aroma a humo
- brotes de hoja verde (acelga roja, la hoja de la remolacha…)

Para el *romesco*

- 1 cabeza de ajos
- 2 kg de tomates
- 1 diente de ajo aparte
- 3 pimientos para *romesco* o ñoras
- 150 g de almendras
- 50 g de avellanas
- una rebanada de pan
- vinagre de vino blanco
- 1 cayena
- 200 ml de aceite de oliva virgen

>> Preparamos el *romesco*: ponemos a asar la cabeza de ajos y los tomates a 200 °C en el horno. Tostamos en una sartén sin aceite los frutos secos. Ponemos los pimientos o las ñoras en remojo una noche y les sacamos la pulpa con una cuchara.

>> En una batidora, ponemos todos los ingredientes junto con el diente de ajo crudo, el aceite, el pan remojado en vinagre, sal y la cayena. Lo trituramos todo junto y lo dejamos reposar unas horas.

>> Por otro lado, cortamos las berenjenas con una mandolina y las dejamos en un colador con sal unos minutos. Las limpiamos con un papel de cocina y les ponemos unas gotas de aroma de humo, sal y pimienta. Las pasamos por la parrilla y las reservamos.

>> Preparamos el bocadillo poniendo una capa de *romesco*, una de berenjena y brotes y vamos alternando. Marcamos el bocadillo con una sandwichera y lo comemos caliente.

Podemos usar cualquier tipo de pan, pero le va muy bien si lleva cereales y, si puede ser, hecho con masa madre en los hornos artesanales.

VICHYSSOISE CON ALMENDRAS

Ingredientes

- 2 kg de puerros
- 200 g de almendras en polvo
- 250 ml de nata de soja
- caldo de verduras
- 2 patatas medianas
- 1 vasito de sorbete de vino blanco seco

>> Limpiamos muy bien los puerros de arena: les hacemos un corte y los dejamos bajo el grifo.

>> En una olla grande, ponemos un chorrito de aceite de oliva y sofreímos los puerros, las patatas a dados y las almendras. Removemos unos minutos, añadimos el vino, subimos el fuego, cocemos unos minutos y echamos el caldo. Lo dejamos hervir hasta que esté todo bien cocido, aproximadamente 1 h.

>> Lo trituramos con una batidora de brazo y lo pasamos por el chino.

>> Añadimos la nata de soja, corregimos de sal y la servimos con almendras en polvo de decoración.

Si no deseamos consumir soja o no encontramos nata de soja, también podemos usar nata de almendra vigilando que no lleve azúcar.

TARTAR DE SETAS DE BURDEOS Y ALGAS

Ingredientes

- 1 kg de setas de Burdeos
- 4 aguacates
- un manojo de cebollino
- 2 chalotas
- 25 g de algas hijiki deshidratadas
- 1 cucharadita de mostaza
- vinagre de manzana
- aceite de oliva virgen
- limón
- sal

>> Ponemos las algas en remojo unos 15 min. Dependiendo del tiempo que indique el fabricante, cada alga tiene unas necesidades diferentes.

>> Pelamos y limpiamos las setas. Si tenemos mandolina, las cortamos muy finas y hacemos daditos del mismo tamaño, si no, con un cuchillo.

>> Picamos las chalotas y los aguacates y los mezclamos con unas gotas de limón, el cebollino picado y las setas. Cuando ya lo tenemos bien mezclado, añadimos las algas, la sal y la vinagreta que habremos hecho emulsionando la mostaza, el vinagre y el aceite. Lo removemos todo muy bien y lo servimos bien frío.

Podemos usar cualquier seta que encontremos: champiñones, portobello…

FIDEUÁ

Ingredientes

- 500 g de fideos
- 1 cebolla
- un trozo de pimiento rojo
- un trozo de pimiento verde
- un trozo de calabacín
- un trozo de apio
- 1 cebolleta
- 200 g de guisantes
- 3 alcachofas
- un puñado de alga cochayuyo
- 2 cucharadas de salsa de tomate ecológica
- 2 l de caldo de verduras
- un chorro de vino blanco
- 1 diente de ajo

≫ En una sartén, ponemos aceite y freímos los fideos hasta que cambien de color/textura. Los reservamos aparte.

≫ En la misma sartén, sofreímos la cebolla cortada fina y el diente de ajo a trocitos hasta que esté transparente. Añadimos el vino y lo dejamos reducir. Cuando esté bien hecho, añadimos las verduras y lo dejamos cocer todo unos 20 min. Echamos el tomate, las algas, los fideos y el caldo, lo dejamos unos 5 min al fuego y lo ponemos en el horno previamente calentado. Los fideos están listos en unos minutos, cuando empiezan a "templarse".

La servimos con alioli vegano. También se pueden usar setas.

PAELLA DE ARROZ NEGRO

Ingredientes

- 250 g de arroz negro venere
- 1 l de caldo de verduras
- 1 cebolla
- un trozo de pimiento rojo
- un trozo de pimiento verde
- 1 calabacín
- 250 g de judías verdes
- 1 berenjena
- 10 g de trompetas de la muerte
- 1 cucharada de tomate frito ecológico
- un chorro de vino blanco
- 200 g de brócoli
- 100 g de guisantes
- un puñado de mezcla de algas para ensalada
- 1 diente de ajo
- pimienta negra
- 1 hoja de laurel

>> En una paella valenciana, ponemos la cebolla cortada en trozos pequeños con un poco de aceite de oliva, el ajo fileteado y una hoja de laurel. Cuando empiece a ponerse transparente, añadimos el vino y subimos el fuego.

>> Reducimos el líquido y agregamos las verduras cortadas: primero las judías, las setas, la berenjena, el brócoli y los guisantes. Lo cocemos unos 20 min, echamos el tomate y hacemos un buen sofrito.

>> Echamos el arroz y las algas y le damos unas vueltas en seco unos minutos hasta que los granos estén bien impregnados.

>> Añadimos el caldo caliente y lo dejamos cocer unos 30-40 min a fuego vivo. Vamos corrigiendo de sal y comprobamos que el arroz quede cocido. Tardará como uno integral, ¡a lo mejor necesita más tiempo!

La servimos con una rodaja de limón o alioli vegano.

HABAS AHOGADAS

Ingredientes

- 1 kg de habas tiernas
- 3 dientes de ajo
- aceite de oliva
- 1 vasito de vino rancio
- un puñado de menta
- caldo de verduras o agua
- 1 cucharada de almidón de trigo

>> En una cazuela de barro ponemos los dientes de ajo cortados muy pequeños y añadimos las habas y el vino. Subimos el fuego unos minutos para que el alcohol se evapore y añadimos caldo hasta que cubra.

>> Lo dejamos cocer unos 20 min a fuego lento, añadimos un poquito de caldo con una cucharadita de almidón diluida y lo dejamos espesar.

>> En el último momento añadimos la menta, corregimos de sal y pimienta y servimos.

Si no encontramos habas frescas, nos pueden ir bien congeladas o las *baby*, que son deliciosas y suelen tener en las tiendas *gourmet*.

FARFALLE AL PESTO *ROSSO*

Ingredientes

- 500 g de *farfalle*
- 50 g de tomates secos
- 200 ml de aceite de oliva
- 2 dientes de ajo
- un manojo de albahaca fresca
- 200 g de nueces peladas

>> Ponemos agua y sal en una olla, la ponemos al fuego vivo y cuando empiece a hervir añadimos los tomates secos en una bolsa de cocer legumbres. Los dejamos unos minutos y los sacamos.

>> Ponemos en la misma olla la pasta y la cocemos *al dente* como indique el fabricante.

>> Mientras se cuece la pasta, trituramos todos los ingredientes del pesto hasta que quede cremoso y lo corregimos de sal y pimienta.

>> Colamos la pasta y la mezclamos con la salsa.

Si somos alérgicos a las nueces, podemos usar piñones y también poner por encima un poco de almendra en polvo, levadura de cerveza o, si tenemos, parmesano vegano.

ESPÁRRAGOS BLANCOS CON MAYONESA

Ingredientes
- 1 manojo de espárragos blancos
- 1 cucharada de azúcar
- 1 cucharada de sal
- un chorrito de aceite de oliva

Ingredientes para la mayonesa
- leche de soja
- aceite de girasol (tres partes de la leche de soja)
- sal
- unas gotas de limón
- una puntita de cucharada de mostaza

>> Limpiamos muy bien los espárragos bajo el grifo con mucho cuidado de no romper las puntas. Con un pelador de patatas, pelamos los tallos y los cortamos para que todos sean igual de largos.

>> Con una tela para cocer garbanzos o un calcetín de seda limpio, ponemos los espárragos juntos con un hilo, de forma que se cuezan de pie. Llenamos la olla con agua suficiente, añadimos el aceite, la sal y el azúcar (para quitar el sabor amargo) y la ponemos a hervir. Cuando burbujee, añadimos los espárragos y, dependiendo del tamaño y el grosor, los cocemos de 10 a 20 min.

>> Ponemos la leche de soja, la sal, la mostaza y tres partes de aceite en el vaso de la batidora y batimos sin mover el túrmix del lugar. Lo vamos subiendo conforme la salsa va emulsionando y en el último momento añadimos unas gotas de zumo de limón.

>> Servimos los espárragos tibios o fríos con la salsa.

Nada que ver con los de conserva, llevan un poco de trabajo pero estos sí son... ¡¡¡cojonudos!!!

ENSALADA DE BULGUR CON MANZANA VERDE

Ingredientes

- 500 g de bulgur de espelta
- 2 manzanas verdes granny smith
- 1 cebolleta
- 2 tomates pera
- 200 g de rúcula
- 1 cucharada de sésamo negro
- germinado de rabanitos rosa
- aceite de pipas de calabaza
- 600 ml de agua
- sal

>> Ponemos agua y sal en una olla. Cuando empiece a hervir, añadimos el bulgur, apagamos el fuego y tapamos la olla. Lo dejamos reposar 1 h, si es necesario agregamos más agua. Pasamos el bulgur a un recipiente ancho hasta que esté completamente frío.

>> Hacemos la ensalada con el bulgur: la cebolleta cortada muy pequeña, los tomates pelados y sin semillas, las manzanas sin pelar y a daditos, la rúcula picada y añadimos el sésamo, la sal y el aceite de pipas de calabaza.

>> La dejamos reposar 1 h para que los sabores se intensifiquen y la decoramos con los germinados.

También podemos usar cuscús o, si no podemos comer gluten, podemos sustituir el bulgur por coliflor cruda pasada por la trituradora o cortada muy pequeña.

SOPA FRÍA DE TOMATE CON ALBAHACA

Ingredientes
- 1 kg de tomates bien maduros
- 1 cucharada de azúcar moreno
- un manojo de albahaca fresca
- 500 ml de caldo de verduras
- sal

>> Lavamos muy bien los tomates y los ponemos con el caldo al fuego. Lo dejamos hervir unos 20 min y después lo dejamos enfriar.

>> En frío, trituramos la sopa y la pasamos por un chino, para eliminar la piel y las semillas (también podemos pelar los tomates antes y ahorrarnos hacer este paso).

>> Añadimos la sal, el azúcar (para que disminuya el ácido del tomate) y la albahaca fresca. La volvemos a emulsionar y la dejamos reposar toda una noche.

>> La servimos fresca o tibia.

Le podemos echar trocitos de pan fritos o de tofu desmenuzado.

ENSALADA DE LENTEJAS PARDINAS CON CEREZAS

Ingredientes
- 500 g de lentejas pardinas
- 50 g de cerezas
- 4 tomates pera
- mesclun de ensaladas
- 1 cebolla dulce

Ingredientes para la vinagreta
- 1 cucharadita de café de mostaza a la antigua
- 2 cucharadas de vinagre de manzana
- 6 cucharadas de aceite de oliva virgen

>> Ponemos las lentejas en remojo para limpiarlas y vigilamos que no haya ninguna piedrecita. Las limpiamos bajo el grifo y las echamos en una olla llena de agua fría.

>> Añadimos una hoja de laurel y las ponemos a cocer aproximadamente 45 min, si es necesario añadimos agua caliente. Las dejamos enfriar y las colamos bien.

>> Para preparar la ensalada, ponemos las lentejas en un bol grande y cortamos las verduras y las cerezas a trozos.

>> Hacemos la vinagreta poniendo los ingredientes en un bote de vidrio limpio y removiendo como si fuera un cóctel hasta que la salsa emulsione.

>> Para acabar, mezclamos lentejas, ensalada y vinagreta. La servimos fresquita.

Podemos usar cualquier variedad de lentejas o legumbres e higos en lugar de cerezas.

TOMATE CORAZÓN DE BUEY RELLENO DE QUINUA NEGRA, ALBARICOQUE Y ACEITE DE PISTACHO

Ingredientes

- 4 tomates corazón de buey
- 250 g de quinua negra
- 2 aguacates
- 2 cogollos lechuga
- 1 cebolla dulce
- 1 albaricoque
- aceite de pistacho

>> Ponemos la quínua en un colador bajo el grifo unos minutos y la ponemos a hervir con el doble de su volumen de agua y un poquito de sal. Cuando rompa a hervir, bajamos el fuego y la dejamos cocer hasta que se abra y absorba todo el líquido, 20 min aproximadamente. La dejamos enfriar.

>> Limpiamos el interior de los tomates y con la ayuda de una cuchara sacamos las semillas y la pulpa, que reservaremos para la ensalada.

>> Hacemos la ensalada con los cogollos cortados muy finos, los aguacates cortados a daditos lo más pequeños y homogéneos posible, la cebolla dulce del mismo tamaño y el albaricoque pelado. La aliñamos con el aceite de pistacho y rellenamos los tomates.

>> Los dejamos reposar unos minutos y los servimos.

Si no encontramos aceite de pistacho, podemos usar de pipas de calabaza o cualquier aromático.

CREPS RELLENAS

Ingredientes para la masa de las creps

- 250 g de harina
- 1 cucharada de sal
- 300 ml de leche de soja
- 50 ml de aceite de girasol
- 1 cucharada de levadura de cerveza

Ingredientes para el relleno

- 500 g de champiñones
- 50 g de tomates secos
- 1 cebolla
- 500 g de espinacas frescas

>> Preparamos la masa para las creps poniendo todos los ingredientes en la batidora hasta que emulsionen. La dejamos reposar unas horas.

>> En un wok, salteamos la cebolla cortada pequeña, los tomates secos y los champiñones unos minutos. Cuando hayan absorbido el agua de las setas, echamos las espinacas y lo salamos.

>> Pasamos un papel de cocina con aceite de girasol por una sartén antiadherente y echamos una cucharada de la masa para creps. La dejamos cocer y la giramos. La rellenamos y la servimos fría o caliente.

Podemos usar cualquier tipo de harina para hacer las creps y así variar su textura y sabor.

CROQUETAS DE BRÓCOLI AL *CURRY*

Ingredientes

- 2 brócolis
- 80 g de margarina vegana
- 100 g de harina
- 600 ml de leche de soja
- 1 cucharada de *curry*
- sal
- pimienta blanca
- 1 vaso de leche de soja
- pan rallado

>> Cocemos el brócoli al vapor y lo reservamos.

>> En una olla al fuego, ponemos la margarina hasta que se derrita, añadimos la harina, sal, pimienta blanca y el *curry* y removemos hasta que la masa se compacte. La dejamos unos minutos al fuego y añadimos la leche vegetal. La trabajamos con una cuchara de madera y un látigo de cocina para que no se pegue y no paramos de remover hasta que esté muy espesa. Añadimos el brócoli y seguimos removiendo unos minutos. La sacamos del fuego y la dejamos reposar toda la noche en la nevera (tapada con papel film para evitar que se haga costra).

>> Nos ayudamos de dos cucharas y acabamos con las manos para dar forma a las croquetas.

>> Preparamos un bol con leche de soja y un poco de sal y otro bol con pan rallado. Pasamos las croquetas por el primer cuenco y después por el segundo hasta que el pan quede bien adherido.

>> Freímos las croquetas, las ponemos sobre papel absorbente y las servimos.

Podemos usar cualquier tipo de leche vegetal (arroz, avena…), siempre comprobando que no lleve azúcares.

MILHOJAS DE MANZANA AL HORNO

>>

Ingredientes
- 1 paquete de pasta filo
- 2 manzanas pink lady
- 2 manzanas granny smith
- una pizca de anís estrellado en polvo
- 100 g de azúcar moreno
- unas gotas de limón
- 1 cucharadita de margarina

>> Lavamos las manzanas (al elegirlas intentaremos que sean de tamaño similar), les sacamos el corazón y les dejamos la piel.

>> Con una mandolina o un cuchillo bien afilado hacemos rodajas, las rociamos con unas gotas de limón para que no se oxiden, las ponemos sobre una bandeja de horno con papel parafinado y echamos por encima el azúcar moreno y el anís estrellado en polvo. Las ponemos a cocer unos 15 min a 180 °C. Las reservamos en frío.

>> Abrimos el paquete de pasta filo y cortamos capas del mismo tamaño que las rodajas de manzana. Con un pincel, las untamos con la margarina fundida y las cocemos unos 2-3 min a 180 °C hasta que estén crujientes.

>> Montamos los milhojas alternando capas de masa con capas de manzana de cada color. Los servimos inmediatamente.

La pasta filo se puede sustituir por hojaldre y si no nos gusta el anís estrellado podemos poner canela o nuez moscada.

CARPACCIO DE PIÑA CON MENTA

Ingredientes

- 1 piña
- un buen manojo de menta
- azúcar moreno
- unas gotas de ron

>> Con una mandolina, cortamos la piña muy fina y la dejamos macerar unas horas con la menta fresca bien picada.

>> La rociamos con un poco de ron, añadimos el azúcar moreno y lo quemamos con un soplete de cocina o una pala de crema catalana. Servimos.

Podemos hacer la receta con cualquier licor (con curasao queda delicioso), y podemos añadir una bola de helado, que se fundirá un poco en contacto con el azúcar caliente.

ARROZ CON LECHE

Ingredientes

- 1 l de leche de arroz
- 200 ml de nata vegetal de arroz
- 300 g de arroz
- 100 g de azúcar
- 1 rama de canela
- la piel de 1 limón

>> Hervimos la leche con la nata, la ramita de canela, la piel de limón y el azúcar y la dejamos reposar tapada unos minutos.

>> Lavamos el arroz en un colador hasta que el agua salga transparente y lo añadimos a la leche. Removemos con una cuchara de madera y lo cocemos a fuego muy lento durante 50 min aproximadamente.

>> Lo dejamos enfriar, sacamos la piel de limón y la rama de canela y espolvoreamos canela en polvo por encima. Lo guardamos mínimo una noche en la nevera.

Podemos hacerlo con cualquier tipo de leche vegetal. Si utilizamos un arroz de calidad también se notará en el resultado del postre.

FLAN VEGANO

Ingredientes para el flan
- 1 boniato pequeño
- 100 ml de leche de soja
- 1 vaina de vainilla
- 60 g de fécula de patata
- 1 cucharada de agar-agar
- 50 g de azúcar
- la piel de 1 limón

Ingredientes para el caramelo
- 100 g de azúcar

>> Preparamos el caramelo poniendo en una sartén el azúcar y nada más. Lo vamos calentando y dejamos que coja temperatura con mucho cuidado hasta que se vuelva de color marrón (no debemos dejar que se queme y se ponga negro).

>> Llenamos los fondos de las flaneras con el caramelo y las reservamos.

>> Ponemos la leche con la vaina de vainilla (abierta por la mitad y rascándola con un cuchillo) y la piel de limón en el fuego hasta que arranque a hervir. La dejamos infusionar 1 h y sacamos la vainilla y el limón. Añadimos el boniato y lo volvemos a hervir. Añadimos el agar-agar, el azúcar y la fécula de patata, lo trituramos y lo ponemos a fuego lento hasta que espese.

>> Lo ponemos en las flaneras y lo dejamos reposar una noche en la nevera.

Si no encontramos fécula de patata, podemos usar maicena.

TARTA DE CHOCOLATE TRES TEXTURAS

Para el bizcocho
- 180 g de harina
- 120 g de azúcar
- 40 g de cacao amargo
- una pizca de sal
- 120 ml de leche de soja
- 40 ml de aceite

Para la *mousse* de tofu
- 200 g de tofu blando
- 200 g de chocolate negro para fundir
- 1 cucharada de sirope de agave
- 2 cucharadas de leche de soja de vainilla

Para la crema de nata
- 200 ml de nata de soja
- 3 cucharadas de cacao puro
- 1 cucharadita de fécula de patata
- 50 g de arroz inflado de chocolate

Elaboración del bizcocho

>> En un bol mezclamos los ingredientes sólidos (harina, cacao, azúcar y sal) y en otro, los líquidos (leche de soja y aceite). Juntamos los dos y mezclamos muy bien hasta que no queden grumos.

>> Lo ponemos en un molde para tartas a 180 ºC en el horno hasta que esté listo. Lo dejamos reposar en el molde.

Elaboración de la *mousse* de tofu

>> Trituramos todos los ingredientes con la batidora de mano.

>> Vertemos la *mousse* sobre el bizcocho en el molde y lo dejamos reposar una noche.

Elaboración de la crema de nata

>> Lo ponemos todo junto a calentar menos el arroz inflado (que lo pondremos sobre la capa de *mousse*). Cuando tengamos una crema hecha, la vertemos sobre la *mousse* de tofu y lo volvemos a dejar reposar unas horas. Lo sacamos del molde y servimos.

Podemos decorar la tarta con nata montada y servirla con frutas.

verano

ENSALADA DE LENTEJAS DE PUY, ENDIBIAS E HIGOS

Ingredientes

- 300 g de lentejas de Puy
- 1 l de agua para cocer las lentejas
- 2 higos cuello de dama
- 1 cebolleta
- 1 tomate maduro
- endibias violetas o verdes
- balsámico de ciruela
- aceite de oliva virgen

>> Pasamos las lentejas por debajo del grifo y las lavamos bien. Las ponemos en remojo en agua unas 2 h y las volvemos a colar. Las ponemos en una olla a cocer a fuego medio hasta que el grano quede cocido pero crujiente, sin poner sal. Cuando estén cocidas, las apartamos y las dejamos en la misma olla unos 5 min. Las colamos y las dejamos enfriar de forma natural.

>> Para preparar la ensalada, cortamos la cebolleta y el tomate muy pequeños y añadimos los higos cortados con piel (si son eco; si no, pelados) y las endibias a rodajitas. La añadimos a las lentejas.

>> Añadimos el balsámico de ciruela y el aceite de oliva y servimos la ensalada fría.

Si encontramos endibias violetas, son deliciosas. Si no tenemos balsámico de ciruela, podemos usar cualquier vinagre balsámico.

ENSALADA DE COL RÁBANO CON MANZANA, APIO Y REMOLACHA

Ingredientes

- 2 coles rábano
- 1 kg de remolacha
- una rama de apio
- 2 manzanas fuji
- sal rosa del Himalaya
- aceite de oliva virgen
- un manojo de perejil fresco

≫ Ponemos a cocer la remolacha pelada y cortada a dados en agua fría durante una media hora. La dejamos enfriar.

≫ Pelamos las coles rábano y sacamos los hilos de la rama de apio con la ayuda de un pelador.

≫ Cortamos todos los ingredientes, a ser posible del mismo tamaño, y los ponemos en un bol, donde los aliñaremos con las hierbas, la sal y el aceite. Servimos la ensalada bien fresquita.

Si no encontramos col rábano, o hinojo, o *céleri*, podemos usar nabo en su lugar.

ENSALADA DE ARROZ BASMATI

Ingredientes

- 300 g de arroz basmati
- 5 partes de agua para cocer el arroz
- *curry*
- 2 manzanas ácidas
- 2 tomates verdes
- 1 cebolla roja
- 50 g de aceitunas verdes sin hueso
- 1 cogollo lechuga
- sal
- pimienta

>> Dejamos el arroz en remojo una media hora y lo pasamos por debajo del grifo en un colador para sacar todo el almidón, hasta que el agua de colar salga blanca.

>> Lo metemos en una olla con 5 veces su volumen en agua, sal y *curry* y lo hervimos unos 15-20 min. Para parar la cocción lo volvemos a poner bajo el grifo con agua fría.

>> Hacemos la ensalada cortando la cebolla, el cogollo, las aceitunas a trocitos, los tomates, las manzanas y añadimos el arroz. Lo mezclamos muy bien, salpimentamos y servimos.

Podemos hacer la misma receta con basmati integral o poniendo masala en lugar de *curry*.

ENSALADA DE CUSCÚS INTEGRAL Y PERAS

Ingredientes

- 500 g de cuscús integral
- 600 ml de agua
- 2 peras ercolini
- 1 cebolla
- 2 tomates verdes
- ½ pepino
- rúcula
- aceite de oliva virgen
- ½ lima
- sal
- pimienta

>> Ponemos el agua con sal al fuego y cuando empiece a hervir añadimos el cuscús, apagamos el fuego y lo tapamos. Lo dejamos reposar unas horas. Vamos removiendo y añadimos un poco de aceite. Con un tenedor, vamos separando el cuscús para que no se formen bolas.

>> Cortamos la cebolla, los tomates, el pepino y las peras sin pelar a trozos del mismo tamaño. Lo mezclamos con el cuscús y añadimos la rúcula en el último momento. Aliñamos con aceite de oliva virgen, el zumo de media lima, sal y pimienta.

Podemos hacerla sin gluten, con mijo por ejemplo.

EMPEDRAT CON ALUBIAS, FRESAS Y ALGA WAKAME

Ingredientes

- 250 g de judías michigan secas
- un trozo de alga kombu
- 10 g de alga wakame
- aceitunas negras
- 1 pimiento rojo dulce
- 1 cebolla
- 3 tomates verdes grandes
- aceite de oliva
- sal
- pimienta
- un puñado de fresas

» Ponemos las alubias en remojo durante 12 h, mejor toda la noche, y las colamos.

» Llenamos una olla con las alubias, el alga kombu y agua fría (que cubra como cuatro partes de las legumbres) y la ponemos a fuego fuerte. Cuando empiece a hervir, ponemos el fuego al mínimo, vamos sacando la espuma y lo dejamos cocer 1 o 2 h, hasta que las legumbres estén cocidas en su punto. Las dejamos enfriar.

» Ponemos en remojo, como indique el fabricante, las algas wakame en abundante agua fría y las colamos cuando estén blandas.

» Hacemos la ensalada cortando los tomates, un puñado de fresas, el pimiento, la cebolla y las algas a trozos del mismo tamaño. En el último momento añadimos las aceitunas sin el hueso, aliñamos con un buen chorro de aceite de oliva, salpimentamos y servimos.

Si no nos gustan las algas, podemos usar setas o pepinillos en su lugar.

CARPACCIO DE RABANITOS, NARANJA, CEBOLLA Y GERMINADOS

Ingredientes

- un manojo de rabanitos
- 2 naranjas pequeñas o 1 grande
- 1 cebolla dulce
- germinados de remolacha
- sal rosa del Himalaya
- aceite de oliva virgen

>> Pelamos las naranjas procurando que no quede parte blanca y las cortamos a dados intentando que los dados queden limpios de la piel y salga el grillo en vivo. Guardamos el jugo.

>> Pelamos la cebolla y la cortamos por la mitad. Hacemos tiritas finas y las mezclamos con el jugo sobrante de las naranjas.

>> Cortamos los rabanitos con una mandolina o un cuchillo muy fino. Los ponemos en el fondo de un plato y por encima añadimos la cebolla y las naranjas. Ponemos en medio los germinados de remolacha, lo salamos y echamos un chorrito de aceite.

El germinado de remolacha tiene un sabor especial. También se pueden usar otros, como de rabanito rosa o de puerro, pero vigilando, ya que tienen un punto picante.

CREMA DE MELÓN CANTALUPO CON PICATOSTES ESPECIADOS

Ingredientes

- 4 melones cantalupo
- sal
- pimienta negra
- 200 ml de nata vegetal
- 1 barra de pan
- tomillo
- orégano
- ajo en polvo
- hierbas de Provenza
- sal de apio

>> Preparamos los picatostes cortando el pan a daditos y mezclándolo muy bien con todas las especias para que queden bien repartidas. Los ponemos en una bandeja en el horno unos 10 min hasta que estén tostados. Los dejamos enfriar y los reservamos.

>> Pelamos los melones y les sacamos las semillas. Añadimos sal y pimienta, lo trituramos con una batidora de mano y añadimos la nata vegetal. Pasamos la crema por un colador chino y la dejamos enfriar unas horas en la nevera.

>> Servimos la crema bien fresquita con el pan tostado por encima.

El melón normal también nos sirve, y si no encontramos nata vegetal no hace falta que pongamos.

GAZPACHO

Ingredientes

- 2 kg de tomates bien maduros
- ½ pimiento verde
- ½ pepino
- 2 dientes de ajo
- ½ cebolla
- 1 vasito de agua
- sal
- aceite de oliva virgen (unos 250 ml)
- 65 ml de vinagre de vino blanco

>> Ponemos en un bol los tomates y añadimos el trozo de pimiento, el de pepino (pelado), los dientes de ajo, la cebolla y el agua. Lo trituramos mucho con la batidora hasta que quede una crema fina.

>> La pasamos por el colador chino y añadimos la sal, el aceite y el vinagre. La volvemos a emulsionar con la batidora, la probamos y la corregimos a nuestro gusto personal.

>> La dejamos enfriar como mínimo 2 h.

El único secreto del buen gazpacho es la calidad de la materia prima. Si elegimos la mejor posible, tenemos el éxito asegurado.

GAZPACHO VERDE

Ingredientes

- 3 pepinos
- 2 aguacates
- 2 pimientos verdes
- 1 diente de ajo
- 200 g de espinacas crudas
- 1 cebolla
- un trozo de pan seco
- 1 vaso de agua
- 50 ml de vinagre
- unas gotas de limón
- 200 ml de aceite de oliva virgen
- sal

>> Ponemos los pepinos (a los que habremos quitado una parte de la piel), los aguacates, los pimientos verdes sin semillas, el diente de ajo, las espinacas, la cebolla, el agua y unas gotas de limón en un bol y lo trituramos muy bien hasta que quede bien fino.

>> Ponemos el pan a remojar con el vinagre unos minutos hasta que quede bien empapado.

>> Lo añadimos al gazpacho, lo pasamos por el chino y añadimos el aceite y la sal.

>> Lo corregimos al gusto y lo dejamos enfriar hasta que esté bien fresquito.

Lo servimos con perejil bien picado y unos cubitos para que esté bien fresco. ¡Unas gotas de tabasco le quedan genial!

GAZPACHO DE FRAMBUESA

Ingredientes

- 2 kg de tomates maduros
- 1 pimiento verde italiano
- ½ pepino
- 1 diente de ajo
- ½ cebolla
- 1 vasito de agua
- una pizca de sal
- 250 ml de aceite de oliva virgen
- 50 ml de vinagre de fresa o de jerez
- 1 bandeja pequeña de frambuesas
- 3 hojas de albahaca fresca

>> Limpiamos muy bien todos los ingredientes y los ponemos en un bol: los tomates, el pimiento, el pepino, el ajo, la cebolla, las frambuesas, la albahaca y el agua.

>> Los pasamos por la batidora hasta que quede una crema lo más fina posible. La pasamos por el colador chino o pasapurés y añadimos el aceite, la sal y el vinagre. La volvemos a emulsionar, la probamos y la corregimos al gusto de sal y vinagre.

>> La dejamos enfriar como mínimo 2 h.

También se puede hacer con fresas, sandía o higos.

SOPA DE MANZANA VERDE, HINOJO, PEPINO Y MENTA

Ingredientes

- 1 kg de pepinos
- 3 manzanas verdes ácidas
- un puñado de hojas de menta
- un trozo de hinojo
- sal
- cubitos de hielo

≫ En una batidora americana, ponemos las manzanas peladas, los pepinos también sin piel, la menta, el hinojo y los cubitos de hielo y lo trituramos a potencia máxima unos minutos.

≫ Si nos gusta la textura más rústica, la tomamos tal cual, pero también la podemos pasar por el chino o por un colador normal.

≫ La corregimos de sal y la consumimos.

Se debe consumir inmediatamente para controlar la textura de la manzana. Es ideal hacerla con una licuadora.

TORTILLA DE PATATAS

Ingredientes
- 1,5 kg de patatas
- ½ cebolla
- 100 ml de aceite de oliva
- 1 vaso de agua
- 75 g de harina de garbanzo
- 75 g de maicena
- 1 cucharadita de sal

>> Pelamos las patatas, las cortamos a láminas finas y las ponemos en una sartén con la cebolla cortada menudita y el aceite. Las vamos confitando a fuego muy lento mientras removemos con un tenedor hasta que las patatas estén completamente cocidas y hayan absorbido del todo el aceite (cambian de color y se vuelven completamente doradas).

>> Preparamos la masa de la tortilla mezclando el agua, la sal, la harina de garbanzo y la fécula de maíz hasta que no queden grumos.

>> Mezclamos las patatas con la masa y la ponemos en una sartén antiadherente en la que habremos puesto unas gotas de aceite. La dejamos cuajar y la giramos. La vamos girando hasta que esté cocida y tenga una capa dorada crujiente. La dejamos reposar 1 h y la consumimos caliente o fría.

La servimos con pan con tomate. También se puede hacer con espinacas, pimiento…

ENSALADILLA ROSA

Ingredientes
- 1 kg de patatas
- 1 remolacha
- 200 g de guisantes
- 500 g de zanahorias
- 1 cebolla
- 500 g de judías redondas
- 100 g de aceitunas verdes sin hueso

Ingredientes para la mayonesa
- 1 vaso de licuado de soja
- 3 vasos de aceite de girasol
- unas gotas de limón
- 1 cucharadita de mostaza de Dijon
- sal

>> Para hacer la mayonesa, en el vaso alto de la batidora de mano ponemos, en el siguiente orden: la cucharadita de mostaza, el licuado de soja, sal y aceite de girasol. Empezamos a batir muy suavemente sin mover la batidora del fondo del vaso. La vamos subiendo conforme va adquiriendo consistencia y añadimos unas gotas de limón para acabarla de cuajar. La reservamos en frío.

>> Ponemos al fuego una olla muy grande con agua y cuando empiece a hervir añadimos las patatas, peladas y cortadas a daditos lo más regulares posible, y las judías, igual. Las dejamos hervir unos minutos y añadimos la zanahoria cortada a daditos junto con la remolacha y la cebolla. Cuando falten unos 10 min, añadimos los guisantes. Lo cocemos hasta que las verduras estén tiernas y las colamos bien.

>> Las dejamos enfriar y las mezclamos con la mayonesa y las aceitunas a trocitos.

Si no ponemos remolacha tendremos una ensaladilla rusa clásica que no tiene nada que ver con las del supermercado.

TATIN DE CEBOLLAS Y MOSTAZA

Ingredientes para la masa

- 250 g de harina
- 50 ml de aceite de oliva
- 50 ml de licuado de soja
- 100 g de margarina vegetal
- 1 cucharadita de sal

Ingredientes para el relleno

- 1 cucharada de azúcar
- 1 cucharada de cristales de sal
- 6 cebollas
- 1 cucharada de mostaza a la antigua
- 1 cucharada de semillas de amapola

>> En un bol hacemos un volcán con la harina, añadimos la sal, la margarina a dados y los líquidos y lo amasamos con las manos hasta que se formen unas bolas compactas como si fuera un *crumble*. Lo tapamos con papel film y lo dejamos reposar en la nevera mínimo unas 2 h.

>> En una tartera, preferiblemente de cristal, ponemos el azúcar a caramelizar junto con la mostaza y la sal. Cuando empiece a ponerse oscuro, ponemos las cebollas cortadas en dos boca arriba. Cubrimos toda la base con las cebollas y también echamos las semillas de amapola.

>> Trabajamos la masa con la ayuda de un rodillo hasta que podamos hacer una lámina grande y la ponemos tapando las cebollas. La pinchamos con un tenedor y ponemos la tarta en el horno, que ya debe estar precalentado a 180 ºC, durante unos 20 o 30 min.

>> La dejamos enfriar completamente. Para desmoldarla, ponemos un plato grande encima y giramos la tarta, ayudándonos con la punta de un cuchillo. La decoramos con cristales de sal.

Podemos usar pasta brisa o quebrada ya preparada, la venden en establecimientos especializados.

BROCHETAS DE TOFU CON SALSA AGRIDULCE DE PIÑA

Ingredientes

- 1 pieza de tofu duro
- 1 vaso de vino blanco
- 2 cebollas
- 1 lata de piña en almíbar
- sal
- pimienta blanca

>> Cogemos la pieza de tofu y la ponemos entre dos hojas de papel de cocina absorbente con un poco de peso por encima durante 1 h.

>> Para preparar la salsa, en una olla ponemos un poco de aceite y añadimos las cebollas cortadas menudas. Las dejamos cocer unos 10 min a fuego lento y añadimos el vino. Subimos el fuego para que se reduzca el alcohol, añadimos la piña cortada a dados y el almíbar y lo dejamos cocer unos 5 min. Lo pasamos por la batidora y corregimos de sal.

>> Pasamos el tofu cortado a dados por una sartén muy caliente y hacemos vuelta y vuelta hasta que quede dorado. Lo ponemos en la brocheta, añadimos la salsa y servimos.

Podemos servir la brocheta con un arroz aromático o una ensalada.

QUICHE DE CHAMPIÑONES Y ESPÁRRAGOS

Ingredientes para la masa

- 250 g de harina integral
- 100 ml de aceite de oliva
- 100 ml de agua
- 1 cucharada de sal

Ingredientes para el relleno

- 1 kg y ½ de champiñones
- 1 cebolla de Figueras
- 1 manojo de espárragos
- 1 manojo de ajos tiernos
- 1 cucharada de margarina vegetal
- 30 g de harina
- 200 ml de licuado de soja
- sal
- pimienta
- nuez moscada

>> Hacemos un volcán con la harina y añadimos el resto de ingredientes para la masa. Amasamos con las manos hasta obtener una bola compacta y la dejamos reposar con papel film en la nevera como mínimo un par de horas.

>> Ponemos la margarina en un cazo pequeño a fuego muy lento y cuando se deshaga añadimos la sal y la harina. Removemos con una cuchara de madera y añadimos el licuado de soja sin parar de remover, ahora con unas varillas. Dejamos espesar la bechamel y la reservamos tapada con papel film que toque la salsa (para que no se haga una costra).

>> En una cazuela ponemos los champiñones cortados a láminas, la cebolla, los ajos tiernos y los espárragos. Lo cocemos hasta que esté todo blando y los champiñones hayan absorbido su propio jugo. Lo salpimentamos y lo mezclamos con la bechamel.

>> Ponemos la masa muy estirada en un fondo de tarta de 30 cm y echamos el relleno encima. Lo cocemos una media hora o más, hasta que el relleno se compacte y la base esté crujiente. Dejamos enfriar la *quiche* antes de sacarla del molde y la servimos fría o recalentada.

También podemos usar cualquier tipo de seta en seco o utilizar una base ya preparada.

CROQUETAS DE ESPINACAS Y PIÑONES

Ingredientes para la masa
- 80 g de margarina vegetal
- 150 g de harina
- 700 ml de licuado de soja
- sal
- pimienta
- nuez moscada
- 1 kg de espinacas frescas
- un puñado de piñones

Ingredientes para rebozar
- 1 vaso de leche de soja
- sal
- pan rallado

>> Ponemos a cocer las espinacas al vapor y las cortamos con un cuchillo muy pequeñas. Las reservamos.

>> Ponemos la margarina a fundir en una olla. Cuando esté totalmente líquida, añadimos la harina de un golpe y removemos mucho, se nos formará un *roux*. Añadimos el licuado de soja y la sal sin parar de remover, a fuego muy lento, con una lengua y una cuchara de madera para que no se nos enganche la masa. Cuando esté muy espesa, añadimos las espinacas, los piñones y la nuez moscada, la corregimos de sal y la dejamos enfriar tapada en la nevera toda una noche como mínimo.

>> Con dos cucharas formamos las croquetas y las pasamos por la leche de soja con un poquito de sal. Después las pasamos por el pan rallado. Si las queremos más crujientes, repetimos el proceso dos veces.

>> Es importante freírlas en una sartén pequeña con abundante aceite de girasol y poner máximo cuatro croquetas a la vez con el fuego muy fuerte. Las dejamos sobre un papel de cocina para eliminar el exceso de grasa de la fritura y las comemos frías o calientes.

Podemos añadir un poco de tomate seco con las espinacas. Cambiará el sabor y la textura de las croquetas.

RISOTTO DE *SHIITAKE* MINI

Ingredientes

- 1 l de caldo de verduras
- 300 g de arroz bomba
- 300 g de *shiitake* mini
- 1 cebolla
- 2 chalotas
- una ramita de tomillo
- 1 hoja de laurel
- 1 vaso pequeño de vino blanco
- parmesano vegano en polvo al gusto
- un poco de nata vegetal

>> En una olla ponemos la cebolla y las chalotas picadas a trozos muy pequeños, la hoja de laurel y el tomillo. Lo dejamos cocer hasta que la cebolla esté transparente. Entonces añadimos el arroz, seguimos removiendo unos minutos y echamos el vino blanco, sin parar de remover. En ese momento añadimos las setas y seguimos removiendo unos minutos. Añadimos un cucharón de caldo (que tendremos caliente) e iremos añadiendo cucharones conforme lo absorba el arroz, hasta que el arroz esté cocido al punto, unos 25 min. En el último minuto añadimos un poco de nata vegetal y una cucharada de parmesano vegano y servimos.

Podemos usar las setas secas o frescas según las encontremos en el mercado. Si lo hacemos con setas secas, tenemos que hidratarlas con el agua que usemos para cocer el arroz.

MUSACA

Ingredientes

- 2 berenjenas
- 300 g de proteína de soja texturizada fina
- 1 cebolla
- 2 cucharadas de salsa de tomate
- 1 cucharada de tomate crudo a daditos
- 1 cucharadita de comino
- 1 hoja de laurel
- 1 diente de ajo
- 1 vaso de vino blanco
- pimienta negra
- 1 bote de nata de soja
- 1 cucharada de fécula de patata
- 30 g de queso vegano rallado tipo *mozzarella*
- 2 cucharadas de queso parmesano vegano en polvo o de almendra en polvo

>> En una cazuela, sofreímos la cebolla en aceite de oliva y añadimos el laurel y un diente de ajo sin pelar. Echamos un vaso de vino blanco y lo reducimos. Añadimos el tomate a dados y lo cocemos todo unos 20 min, hasta que la cebolla esté transparente.

>> Dejamos en remojo la proteína de soja y la escurrimos muy bien.

>> Cortamos a rodajas las berenjenas y las ponemos en un colador con sal para que suelten el amargor. Las limpiamos, las volvemos a salar y las pasamos por la plancha. Freímos las rodajas hasta que queden blandas.

>> A la cazuela de la cebolla le añadimos la proteína de soja texturizada, la pimienta, el comino y la salsa de tomate. Lo corregimos de sal y lo dejamos unos 15 min a fuego medio.

>> En un bol mezclamos la nata de soja, los quesos y una cucharadita de fécula de patata o almidón de maíz.

>> Para montar la musaca ponemos en una fuente la soja de base y alternamos capas de berenjena y soja. Terminamos con la salsa de quesos. La horneamos a 180 °C unos 20-30 min y la gratinamos. La servimos fría o caliente.

Podemos poner una capa de patata frita entre la soja y la berenjena o usar trigo sarraceno en lugar de la soja.

GUACAMOLE CON POLVO DE KIKOS

Ingredientes

- 4 aguacates
- 1 tomate de pera escaldado, pelado y sin semillas
- 1 cucharada de café de cilantro fresco picado
- ½ limón
- 1 cebolla tierna pequeña
- un puñado de kikos (maíz tostado)

>> Cortamos a daditos pequeños el tomate y la cebolla. Añadimos el cilantro y lo dejamos reposar.

>> En otro bol, ponemos los aguacates pelados a trozos y los picamos en el mortero hasta que quede una pasta. Añadimos el zumo de limón y sal al gusto. Finalmente, añadimos el tomate y la cebolla y lo mezclamos muy bien.

>> Lo servimos con los kikos pasados por un molinillo de café por encima.

Podemos darle un toque diferente al guacamole cambiando el limón por naranja, añadiendo sésamo negro…

SCONES DE FRESAS Y COCO

Ingredientes

- 400 g de harina
- 50 g de azúcar moreno
- 1 cucharada de levadura
- 70 g de margarina vegana a temperatura ambiente
- 125 ml de leche de soja
- 30 g de coco rallado

>> En un bol mezclamos la margarina con el azúcar y añadimos la leche. En otro bol mezclamos la harina, la levadura y el coco. Mezclamos bien los líquidos con los sólidos hasta que no queden grumos. Añadimos las fresas cortadas a trocitos.

>> Estiramos la masa con la ayuda de un rodillo y la cortamos con un cortapastas o un vaso.

>> Los ponemos en una bandeja de horno a cocer a 170 ℃ durante 15 min aproximadamente.

Están deliciosos si se rellenan, recién horneados, de mermelada, nata vegetal o frutas. Se pueden congelar sin hornearlos y cocerlos en el último momento, así siempre tenemos un desayuno recién hecho.

FLAN DE COCO

Ingredientes

- 200 ml de leche de coco
- 4 cucharadas soperas de almidón de maíz
- 5 cucharadas soperas de azúcar
- 1 vasito de agua

» Ponemos la leche de coco en un cazo de fondo grueso y la calentamos.

» En otro cazo mezclamos el almidón de maíz con el azúcar y el agua hasta que no queden grumos. Lo añadimos a la leche de coco y lo cocemos unos 10 min sin parar de remover con unas varillas. Cuando esté espeso como una crema, lo apartamos del fuego y lo ponemos en un molde alargado hasta que se enfríe. Lo dejamos reposar toda una noche.

Lo podemos poner en flaneras individuales y echar en la base un poco de coco rallado.

TRUFAS DE CHOCOLATE

**Ingredientes para
las trufas**
- 300 g de chocolate
  negro
- 1 cucharada de aceite
  de coco sólido
- 200 g de nata vegetal

**Ingredientes para
la cobertura**
- cacao en polvo
- 100 g de chocolate
  para fundir

>> Cortamos el chocolate a trozos con la ayuda de un cuchillo y lo reservamos en un bol junto con el aceite de coco.

>> Llevamos la nata a ebullición y cuando esté caliente añadimos el chocolate. Removemos muy bien hasta que esté completamente fundido y lo dejamos enfriar en el congelador.

>> Fundimos los 100 g de chocolate. Hacemos bolitas de la masa que teníamos en el congelador y las pasamos por el chocolate y luego por cacao en polvo.

Podemos añadir algún licor o aceite esencial para darles un sabor diferente.

BIZCOCHO DE MANZANA Y YOGUR

Ingredientes

- 4 manzanas
- 350 g de harina
- 150 g de azúcar moreno
- 150 ml de leche de soja
- 60 ml de aceite de girasol
- 1 yogur de soja
- una pizca de sal
- 3 cucharadas de levadura de panadería

>> Por una parte, mezclamos los líquidos: leche de soja, aceite y yogur y también el azúcar.

>> En otro bol tamizamos la harina, la levadura y la sal. Mezclamos los dos boles y removemos hasta que no quede ningún grumo.

>> Cortamos la manzana y la añadimos a la mezcla.

>> Lo ponemos en un molde redondo antiadherente y lo cocemos al horno durante unos 30 min o hasta que esté hecho.

BOMBAS DE HELADO DE PLÁTANO

Ingredientes para el helado

- 100 g de anacardos
- 200 ml de leche de coco
- 3 plátanos bien maduros
- 1 cucharada de sirope de agave

Ingredientes para el chocolate

- 200 g de chocolate para cocinar
- 200 ml de nata vegetal

>> Trituramos todos los ingredientes y ponemos la mezcla en el congelador. La vamos removiendo para evitar su cristalización. Dejamos que se congele y hacemos bolas con una cuchara de helado mojada en agua caliente. Las volvemos a congelar.

>> Calentamos la nata vegetal y cuando empiece a hervir añadimos el chocolate previamente desmenuzado. Lo mezclamos hasta que quede todo fundido y brillante. Lo dejamos reposar unos minutos y pasamos las bolas de helado por el chocolate, con la ayuda de una brocheta de madera, hasta que queden bien cubiertas.

>> Lo servimos al momento o lo volvemos a congelar.

Si después del chocolate pasamos la bomba por almendras caramelizadas, o fideos de chocolate, o galletas desmenuzadas, aún lo será más.

otoño

ARROZ CALDOSO CON VERDURAS Y SETAS AL CAVA

Ingredientes

- 750 g de arroz
- 1 cebolla de Figueras
- 1 pimiento verde
- 3 cucharadas de tomate frito
- 1 calabacín
- 1 manojo de ajos tiernos
- un puñado de guisantes
- 500 g de mezcla de setas
- 2 l de caldo de verduras
- 1 diente de ajo
- una pizca de tomillo
- una pizca de canela
- 1 hoja de laurel
- 1 vaso de cava semi

>> En una cazuela preferentemente de hierro ponemos un poco de aceite, el ajo entero con piel, la hoja de laurel y añadimos la cebolla cortada muy pequeña. La cocemos hasta que esté completamente transparente, unos 20 min a fuego lento. Añadimos el pimiento verde, el calabacín, los ajos tiernos, las setas cortadas y lo cocinamos a fuego lento una media hora más, hasta que las verduras estén cocidas. Añadimos el cava y ponemos el fuego al máximo para que reduzca el alcohol. Lo dejamos unos minutos y añadimos el tomate frito. Lo removemos unos minutos y echamos el arroz. Removemos mucho hasta que los granitos de arroz queden transparentes y añadimos el caldo, sal, canela y tomillo. Subimos el fuego y lo dejamos cocer unos 15 min removiendo de vez en cuando. Añadimos los guisantes y lo dejamos unos 10 min más, hasta que esté en su punto.

>> Lo dejamos reposar unos minutos antes de consumirlo.

Podemos usar cava o cualquier tipo de vino: rancio, blanco o un negro intenso.

CREMA DE BONIATO

Ingredientes
- 3 kg de boniatos
- 1 cebolla
- 1 puerro
- 2 l de caldo de verduras o agua
- 200 ml de nata vegetal de arroz
- sal

>> En una olla con un poco de aceite ponemos la cebolla a trocitos, el puerro muy limpio cortado a lonchas y los boniatos pelados y a dados. Lo sofreímos unos minutos y añadimos el caldo. Lo tapamos y lo cocemos hasta que el boniato esté blando.

>> Lo pasamos por la batidora de mano y después por el colador chino. Añadimos la nata vegetal al gusto hasta obtener la textura de crema que deseamos.

>> Lo corregimos de sal y lo servimos.

Hay que vigilar con la sal, ya que el boniato es muy dulce. También podemos hacer la crema con parte de pulpa de calabaza.

PATATAS ASADAS CON ESPECIAS

Ingredientes

- 3 kg de patatas
- 1 cucharada de tomillo
- 1 cucharada de pimienta ahumada dulce
- 1 cucharada de ajo en polvo
- 1 cucharada de orégano
- 1 cucharada de canela
- 1 cucharada de sal
- 2 vueltas de molinillo de pimienta negra
- 1 vaso de aceite de oliva virgen

>> Lavamos muy bien las patatas y las cortamos en gajos a lo largo. Las ponemos en una bandeja y añadimos las especias una a una. Al final echamos el aceite y la sal.

>> Las removemos mucho con las manos y las ponemos en el horno 1 h y ½, hasta que las patatas estén cocidas. Las dejamos enfriar y las servimos.

Si puede ser, usaremos patatas ecológicas, puesto que no las pelamos y nos comemos la piel. Mejor la variedad más carnosa, una kennebec será perfecta.

FIDEOS A LA CAZUELA CON REBOZUELOS ANARANJADOS

Ingredientes

- 500 g de fideos
- 1 cebolla
- 1 diente de ajo
- una ramita de tomillo
- 1 pimiento rojo
- 200 g de guisantes
- 100 ml de sofrito de tomate
- 100 g de rebozuelos anaranjados
- 20 g de tomates secos
- 1 l y ½ de caldo de verduras
- 1 hoja de laurel
- 1 vaso de vino tinto

>> En una cazuela de hierro con un poco de aceite ponemos el diente de ajo y la cebolla cortada pequeña, la hoja de laurel, el pimiento a cuadritos y la ramita de tomillo. Lo sofreímos mucho y añadimos el vaso de vino. Dejamos reducir el alcohol.

>> En una olla hidratamos los tomates secos, reservamos el agua y los cortamos a trocitos.

>> A la cazuela donde tenemos la cebolla, añadimos los tomates secos, el sofrito, los rebozuelos anaranjados y los guisantes. Removemos hasta que todo esté muy integrado y añadimos los fideos. Seguimos removiendo y los dejamos cocer unos minutos sin el caldo. Echamos el caldo y los dejamos cocer unos 10 min, hasta que estén cocidos. Los servimos calientes.

Usaremos las setas que encontremos frescas en el mercado o, en su defecto, secas.

QUINOTTO AL LAMBRUSCO

Ingredientes

- 500 g de quínoa negra
- 1 cucharada de margarina vegetal
- 2 l de caldo de verduras
- 2 cebollas rojas
- 1 diente de ajo
- 1 pimiento verde
- 3 alcachofas
- 150 g de rebozuelos anaranjados
- 100 g de rebozuelos
- 1 vaso de lambrusco
- 1 cucharada de parmesano vegano (opcional)

≫ En un colador, lavamos mucho la quínoa para extraer toda la saponina y que no amargue. La reservamos.

≫ En una olla, ponemos una cucharada de margarina y la cebolla cortada a cuadritos y la cocemos. Cuando esté transparente, añadimos el ajo picado, el pimiento a trocitos, los corazones de las alcachofas cortados pequeños y las setas a trocitos. Lo removemos todo mucho y lo dejamos cocer unos 20-30 min a fuego lento, hasta que esté todo muy cocido.

≫ Añadimos la quínoa, removemos, echamos el vaso de lambrusco y esperamos a que se reduzca el líquido. Entonces echamos el caldo y lo dejamos cocer unos 25 min. Vamos corrigiendo de sal y pimienta y, si queremos, echamos una cucharada de parmesano vegano.

Podemos hacer la misma receta con quínoa blanca, negra o roja, o las tres mezcladas.

BERENJENAS RELLENAS

Ingredientes
- 4 berenjenas
- 100 g de soja texturizada fina
- 1 cebolla
- 1 bol de salsa de tomate
- una pizca de ajo en polvo
- 1 cucharada de orégano

Ingredientes para la bechamel
- 70 g de margarina vegetal
- 70 g de harina
- 600 ml de leche de soja
- nuez moscada
- sal
- 75 g de almendra en polvo

>> Cortamos las berenjenas por la mitad, las ponemos a cocer preferiblemente al vapor (o en el horno unos minutos), extraemos la pulpa y las reservamos.

>> En una cazuela, cocemos la cebolla cortada muy pequeña, añadimos el ajo en polvo y la pulpa de la berenjena y lo dejamos cocer hasta que la cebolla esté transparente.

>> Hidratamos en agua caliente la soja y la escurrimos bien. La añadimos a la cazuela y removemos hasta que esté todo muy cocido. Añadimos la salsa de tomate y el orégano y dejamos que haga "chup-chup".

>> Rellenamos las berenjenas y las reservamos mientras preparamos la bechamel.

>> Ponemos la margarina a fundir y cuando esté líquida echamos la harina y removemos hasta que se forme el *roux* y coja un tono dorado. Añadimos la leche de soja, la nuez moscada y la sal y vamos removiendo sin cesar con una cuchara o lengua, hasta que espese.

>> Cubrimos las berenjenas con la bechamel y las empolvamos con almendra en polvo. Las gratinamos antes de servirlas.

Podemos hacer la misma receta usando calabacín en lugar de berenjena, y si no tenemos soja texturizada podemos utilizar trigo sarraceno.

CANELONES DE PORTOBELLO Y NUECES DE MACADAMIA

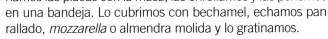

Ingredientes

- 2 paquetes de placas de canelones
- 1 cebolla
- 2 kg de champiñones portobello
- 1 cucharada de canela
- 50 g de nueces de macadamia
- 80 g de margarina
- 80 g de harina
- 700 ml de leche de soja
- sal
- nuez moscada
- almendra en polvo, pan rallado o *mozzarella* vegana

>> Ponemos a cocer la pasta en abundante agua con sal y un poco de aceite el tiempo que indique el fabricante. La colamos y la reservamos sobre un paño de algodón limpio.

>> En una olla, confitamos la cebolla cortada menuda en aceite. Cuando esté transparente, añadimos las setas cortadas de forma irregular y la canela. Las dejamos cocer hasta que saquen su agua y estén tiernas. En el último momento echamos las nueces y removemos bien. Lo trituramos o lo cortamos con un cuchillo.

>> Fundimos la margarina y añadimos la harina. Removemos muy bien y añadimos la leche de soja, sal y nuez moscada. Removemos hasta que espese en su punto deseado.

>> Añadimos cuatro cucharadas abundantes de esta bechamel a las setas, hasta que quede una masa compacta. Rellenamos las placas con la masa, las enrollamos y las ponemos en una bandeja. Lo cubrimos con bechamel, echamos pan rallado, *mozzarella* o almendra molida y lo gratinamos.

La misma receta se puede hacer sin gluten si usamos láminas de calabacín muy finas al vapor y las enrollamos.

PATATAS AL RESCOLDO CON ALIOLI CREMOSO

Ingredientes

- 2 kg de patatas del mismo tamaño
- aceite de oliva virgen

Ingredientes para el alioli

- 1 vaso de chupito de leche de soja
- 3 vasos de chupito de aceite de girasol
- 1 diente de ajo
- unas gotas de limón
- sal

>> Limpiamos muy bien las patatas, las envolvemos con unas gotas de aceite de oliva en papel de plata una por una y las ponemos en el horno hasta que, al pincharlas, estén blandas.

>> Ponemos en un vaso de la batidora el diente de ajo, la sal, la leche de soja y el aceite (en este orden). Empezamos a emulsionar poco a poco y vamos subiendo la batidora cuando el alioli se vaya compactando. Añadimos en el último momento las gotas de limón para que acabe de cuajar y lo ponemos en un bol para acompañar las patatas.

En lugar de patata, podemos usar yuca o cualquier otro tubérculo, como la patata violeta.

CROQUETAS DE SETAS DE BURDEOS

Ingredientes para la masa

- 80 g de margarina vegetal
- 180 g de harina
- 800 ml de leche de soja
- 2 chalotas
- 25 g de setas de Burdeos en polvo
- 200 g de setas de Burdeos frescas o secas
- sal

Ingredientes para rebozar

- pan rallado
- 1 cucharada de harina
- un poco de sal
- ½ vaso de agua

>> Cocinamos las setas de Burdeos, si son frescas, cortadas a dados, y si son secas, dejándolas hidratar unos minutos en agua caliente. Ponemos las chalotas a trocitos en una olla con un poco de aceite y añadimos las setas. Las cocemos hasta que estén blandas. Las cortamos con el cuchillo a trozos pequeños (o con una trituradora).

>> En una olla fundimos la margarina. Añadimos la harina y cocemos unos minutos el *roux* hasta que esté marrón. Añadimos las setas en polvo, la leche, sal y no paramos de remover hasta que la bechamel esté muy espesa. Añadimos las setas a trozos y dejamos reposar la bechamel mínimo una noche tapada con papel film en contacto.

>> Con la ayuda de dos cucharas formamos bolas y con las manos hacemos las croquetas. Hacemos una mezcla con una cucharada de harina, un poco de sal y medio vaso de agua. Pasamos las croquetas por esta mezcla y después por el pan rallado. Las freímos.

En las croquetas es muy importante el momento de freírlas: tenemos que hacerlo en pequeñas cantidades, con el aceite muy caliente y dejarlas reposar en una servilleta para que absorba el exceso de aceite.

MACARRONES DE LA ABUELA

Ingredientes

- 200 g de seitán casero (ver la receta en la página 133)
- 2 cebollas
- 1 kg de tomates
- 1 zanahoria
- 1 diente de ajo
- 1 cucharada de orégano
- 500 g de macarrones

>> En una olla ponemos una de las cebollas cortada a dados, la zanahoria a lonchas, el diente de ajo y los tomates a trozos. Lo dejamos cocer media hora aproximadamente a fuego muy lento, que se vaya confitando. Lo pasamos por el colador chino o por un pasapurés y lo corregimos de sal. También podemos añadir un poco de agua si hace falta para que quede una textura perfecta.

>> En una olla ponemos a confitar la otra cebolla cortada en juliana y la dejamos cocer hasta que esté transparente. Añadimos el seitán cortado a dados y lo dejamos freír unos minutos antes de echar la salsa de tomate que hemos hecho antes y el orégano. Lo dejamos cocer unos 10 min más.

>> Ponemos a cocer la pasta en una olla con abundante agua y sal, respetando el tiempo de cocción que indica el paquete, y la dejamos *al dente*. La colamos y añadimos la salsa hasta que quede todo muy mezclado.

Podemos usar chorizo vegano casero o soja texturizada gruesa. Si no nos gusta ninguna de las opciones, podemos usar alguna seta carnosa a trocitos.

"CHORIZO" VEGANO

Ingredientes

- 200 g de gluten
- 150 g de judías rojas cocidas
- 250 ml de caldo de verduras
- 1 cucharada de sal
- 1 cucharada de pulpa de ñora o ñora en polvo
- 1 cucharada de ajo en polvo
- 1 cucharada de salsa de soja
- 4 cucharadas de pimentón ahumado de la Vera

>> Ponemos todos los ingredientes menos el gluten en un bol y lo trituramos con una batidora hasta que quede una pasta espesa. Añadimos el gluten y compactamos y amasamos con las manos sólo unos minutos. Formamos cilindros y los dejamos reposar unos 20 min en la nevera.

>> Los ponemos a hervir envueltos en papel film dentro de una olla con abundante agua fría. Cocemos los "chorizos" hasta que estén blandos (lo comprobaremos pinchándolos con un palillo).

Podemos congelarlos a trozos o enteros e irlos cogiendo cuando los necesitemos. Se pueden comer tal cual, o pasados por la plancha. También se pueden usar para hacer lentejas u otros platos, puesto que aguantan mucho la cocción.

CROQUETAS DE PUERRO SIN GLUTEN

Ingredientes para la masa
- 80 g de margarina vegetal
- 100 g de harina de maíz
- 600 ml de leche de soja
- 1 kg de puerros

Ingredientes para rebozar
- polenta
- aceite de girasol
- 1 vaso de leche de soja

>> Limpiamos bien los puerros haciéndoles un corte a lo largo y poniéndolos bajo el grifo para quitar la arena interna. Los salteamos cortados en lonchas en una olla con un poco de aceite y cuando estén transparentes los dejamos enfriar.

>> Hacemos la bechamel muy espesa: ponemos la margarina a fundir y cuando esté líquida añadimos la harina de maíz, removiendo para que quede de un color dorado. Añadimos la leche de soja y seguimos removiendo sin cesar con una lengua de gato o una cuchara de madera hasta que esté muy espesa. Entonces añadimos el puerro, que quede repartido uniformemente.

>> Dejamos reposar la bechamel en la nevera tapada con papel film en contacto durante toda la noche. Al día siguiente, con la ayuda de dos cucharas, hacemos bolas para crear las croquetas. Las pasamos primero por leche de soja y después por polenta y las reservamos.

>> Las freímos y las servimos calientes o frías.

También podemos usar leche de arroz y, en lugar de freírlas, hacerlas al horno.

LASAÑA DE ESPINACAS Y TOMATES SECOS

Ingredientes

- 1 paquete de placas de lasaña
- 2 kg de espinacas frescas
- un poco de nuez moscada en polvo
- 80 g de margarina
- 80 g de harina
- 500 ml de leche de soja
- 200 g de tomates secos
- 50 g de piñones
- 50 g de aceite de oliva
- 1 diente de ajo
- 50 g de nueces de macadamia

>> Ponemos en un wok o sartén ancha un buen chorro de aceite, añadimos las espinacas y las dejamos cocer unos minutos, hasta que estén hechas. Corregimos de sal y añadimos nuez moscada.

>> Fundimos la margarina y añadimos la harina, removiendo, hasta que el *roux* esté dorado. Añadimos la leche de soja y vamos removiendo hasta que la bechamel espese en su punto deseado. La corregimos de sal y la reservamos.

>> Hidratamos los tomates secos y los trituramos, junto con el aceite y el diente de ajo, hasta que quede una pasta. La reservamos.

>> Cocemos las placas de lasaña como indica el paquete y las colamos.

>> Montamos la lasaña: alternamos una capa de pasta, espinacas, un puñado de piñones por encima y una cucharada generosa de bechamel, pasta, tomates secos, bechamel, pasta y espinacas. Acabamos con pasta y bechamel y ponemos por encima las nueces de macadamia molidas. La gratinamos unos minutos y la servimos.

Podemos usar acelgas o cualquier otra verdura y también una pasta de lasaña de espinacas o de tomate.

COCA DE RECAPTE

Ingredientes para la masa

- 400 g de harina de fuerza
- 15 g de levadura de pan
- 10 g de sal
- 10 ml de aceite de oliva virgen
- 200 ml de agua

Ingredientes para el relleno

- 1 pimiento
- 1 cebolla
- 1 calabacín
- 1 diente de ajo
- 200 g de trompetas de la muerte frescas
- aceite picante de guindilla
- sal

>> Para preparar la masa de la coca, calentamos el agua un poco, que esté tibia (si está muy caliente estropearemos la levadura y si está muy fría no la activaremos ni podremos disolverla). En un bol, hacemos un volcán con la harina y ponemos en medio la sal, el aceite, la levadura y el agua. Amasamos hasta que quede una pelota compacta y la dejamos reposar durante unas 3 h tapada con un trapo de algodón.

>> Asamos las verduras a la parrilla cada una en su punto para darles una precocción.

>> Salteamos las trompetas con un buen chorro de aceite de oliva y un diente de ajo.

>> Estiramos la masa y le damos forma de coca. La ponemos en una bandeja de horno y añadimos los ingredientes por encima por capas, un buen chorro de aceite picante de guindilla y la horneamos con el horno precalentado muy fuerte a 200 ºC hasta que esté hecha.

La masa se puede hacer con parte de la harina integral y el relleno acepta cualquier verdura.

ESPAGUETIS A LA CARBONARA DE BERENJENA

Ingredientes
- 500 g de espaguetis
- 500 ml de nata de soja
- 3 chalotas
- 2 berenjenas
- pimienta blanca molida al momento
- sal

>> Ponemos las chalotas cortadas a trocitos muy pequeños en una olla con un poco de aceite y las confitamos un rato. Cuando estén transparentes, echamos las berenjenas cortadas a cuadritos y las confitamos hasta que estén cocidas. Añadimos la nata de soja, salamos y echamos la pimienta. Dejamos reducir la salsa para que espese y la reservamos.
>> Ponemos a cocer la pasta el tiempo que nos indique el fabricante.
>> Mezclamos la pasta con la salsa y la servimos.

Podemos usar nuestra nata vegetal preferida, de arroz, almendras…, siempre vigilando que sea sin azúcar.

REVUELTO DE AJOS TIERNOS Y ESPÁRRAGOS CON GÍRGOLA FLOR

Ingredientes

- 1 bloque de tofu suave
- 1 cucharada de cúrcuma
- 100 g de gírgolas flor
- 1 manojo de espárragos
- 1 manojo de ajos tiernos
- 1 cebolla
- 1 diente de ajo
- 1 cucharada de levadura de cerveza
- 1 cucharada de *curry* en polvo
- 1 cucharada de aceite de oliva virgen

≫ Cortamos las gírgolas, la cebolla a tiras finas, los espárragos y los ajos tiernos a lonchas y lo ponemos todo en una sartén antiadherente junto con el diente de ajo cortado a cuadritos y un buen chorro de aceite. Lo salteamos hasta que las verduras estén en su punto pero todavía se mantengan crujientes.

≫ Desmenuzamos con las manos el bloque de tofu y le sacamos toda el agua. Lo añadimos a la sartén, echamos el *curry* y la cúrcuma y lo corregimos de sal y pimienta. No paramos de remover hasta que quede amarillo.

≫ Apagamos el fuego, añadimos la cucharada de levadura y lo servimos.

Nos puede servir para almorzar o comer, para rellenar un bocadillo, una crep, o para poner encima de una tostada.

EMPANADILLAS DE VERDURAS Y ALGAS

Ingredientes para el relleno

- 200 g de zanahorias
- 200 g de col china o normal
- 1 cebolla
- 1 calabacín
- 20 g de alga wakame
- 1 cucharada de salsa de soja
- 1 pimiento rojo

Ingredientes para la masa

- 500 g de harina
- 1 cucharada de levadura de pastelería
- 1 vaso de agua con gas
- 1 cucharada de sal
- 2 cucharadas de aceite de oliva
- 1 cucharada de vino blanco
- sésamo negro

>> Preparamos la masa mezclando todos los ingredientes a mano o con una máquina hasta que se forme una bola compacta. La dejamos reposar unas horas tapada en la nevera.

>> En un wok o sartén antiadherente ponemos uno por uno todos los ingredientes del relleno y los cocemos hasta que queden un poco crujientes. En el último momento añadimos la salsa de soja y la reducimos.

>> Estiramos la masa y con un cortapastas o un molde hacemos círculos. Ponemos el relleno en la parte izquierda y doblamos la derecha por encima. Cerramos la empanadilla y la sellamos con la ayuda de un tenedor. Ponemos sésamo negro por encima y las horneamos unos 30 min a 200 ºC.

Podemos usar la wakame o cualquier alga, o prescindir de ellas y añadir la verdura que más nos guste.

CREMA DE CALABACÍN

Ingredientes

- 2 kg de calabacines
- 200 g de cebollas
- 1 puerro limpio
- 1 patata
- una pizca de comino
- sal
- caldo de verduras
- nata de avena o cualquier nata vegetal

≫ En una olla ponemos, todo cortado, el puerro, la patata pelada y a dados, las cebollas y los calabacines sin pelar. Lo salteamos un rato con un chorrito de aceite hasta que esté doradito y añadimos caldo de verduras hasta que cubra, comino y sal. Lo dejamos cocer una media hora y vamos añadiendo caldo si hace falta para que quede cubierto.

≫ Lo trituramos, echamos la nata vegetal y lo pasamos por el colador chino.

Podemos añadir una cucharada de espirulina o unas hojas de cebollino en el último momento.

MINIBÚRGUER DE REMOLACHA

Ingredientes
- 3 remolachas cocidas
- 300 g de judías rojas cocidas
- 100 g de pan rallado
- 1 cucharada de pimentón de la Vera ahumado
- sal

>> Trituramos todos los ingredientes hasta que quede una masa compacta y la dejamos reposar unas horas en la nevera.
>> Formamos bolas con las manos, las aplastamos (si tenemos un aro de pastelería, mucho mejor) y las doramos en la sartén.
>> Podemos hacer muchas, congelarlas e ir sacándolas cuando las necesitemos.

La servimos en un panecillo de búrguer con salsa (mayonesa vegana, kétchup, alioli, barbacoa), cebolla frita, rúcula…

SOPA DE ZANAHORIA CON COCO

>>

Ingredientes

- 2 kg de zanahorias
- 200 ml de leche de coco
- agua para cocer
- 2 puerros
- sal
- pimienta blanca

>> En una olla grande, ponemos los puerros limpios y cortados junto con las zanahorias peladas. Añadimos el agua y lo dejamos cocer 1 h aproximadamente, hasta que la zanahoria esté blanda.

>> Lo trituramos y lo pasamos por el colador chino, añadiendo agua de la cocción al gusto para conseguir una textura cremosa.

>> Añadimos la leche de coco, sal y pimienta blanca y lo volvemos a triturar. Servimos la sopa fría o caliente.

Es importante que las zanahorias sean lo más dulces posible. Las podemos dejar con piel, pero si las pelamos queda una sopa más fina.

MUGCAKE DE CHOCOLATE Y CASTAÑAS

Ingredientes

- 2 cucharadas de harina de pastelería
- 2 cucharadas de cacao en polvo
- 1 cucharada de azúcar moreno
- 1 cucharadita de bicarbonato
- 2 cucharadas de agua
- 1 cucharada de aceite de girasol
- unas gotas de limón
- 1 cucharada de crema de castañas
- 1 cucharada de gotas o perlas de chocolate

>> En un bol mezclamos la harina, el bicarbonato, el cacao y el azúcar.

>> En otro bol ponemos el agua, el limón y el aceite de girasol.

>> Mezclamos las dos preparaciones hasta que no queden grumos y añadimos las gotas de chocolate.

>> Lo ponemos en una taza apta para microondas y en el último momento añadimos una cucharada de crema de castañas. Lo cocemos unos 60 segundos en el microondas.

La crema de castañas mezclada con el chocolate da una combinación buenísima. También podemos poner trocitos de *marron glacé* o chocolate en el fondo de la taza.

CREMA CATALANA

Ingredientes

- 750 ml de leche de soja
- 1 rama de canela
- la piel de 1 limón
- 2 cucharadas de kudzu
- 30 g de almidón de maíz
- 1 yogur de soja sabor vainilla
- 100 g de azúcar moreno

>> Ponemos en una olla parte de la leche de soja, la rama de canela y la piel de limón. Lo llevamos a ebullición y lo dejamos reposar.

>> Mezclamos el kudzu, el almidón de maíz, el yogur de vainilla, el azúcar y la otra parte de la leche de soja. Añadimos la mezcla a la olla y lo cocemos sin parar de remover hasta que espese en su punto deseado.

>> Ponemos la crema en bandejas individuales, esparcimos el azúcar moreno por encima y le pasamos la pala caliente o el soplete. La dejamos enfriar.

Podemos comprar el kudzu en tiendas de comida bio con el nombre de *kuzu*, *arrow root*, *arrurruz* o *kudzú*. Si no lo encontramos, aumentamos la cantidad de almidón.

PANELLETS

Ingredientes
- 250 g de almendras molidas
- 150 g de patatas rojas
- 250 g de azúcar
- 150 g de piñones
- 150 g de almendras a cuadritos
- coco
- cerezas confitadas
- aceite de girasol
- 1 yogur de soja sabor vainilla
- un poco de leche de soja

>> Hervimos la patata hasta que esté completamente cocida. Con la ayuda de un tenedor, la mezclamos con el azúcar y la almendra hasta que quede una pasta. La guardamos tapada en la nevera unas horas para que se compacten los sabores.

>> Hacemos bolitas con las manos untadas en aceite de girasol y las pasamos por piñones, almendras a cuadritos, coco…, según nuestro gusto.

>> Para dorarlos, usamos un yogur de vainilla diluido en un poco de leche de soja. Los untamos con un pincel y los ponemos en una bandeja con papel en el horno. Los cocemos a 180 ºC unos 15-20 min.

La masa se puede hacer con boniato siguiendo la misma receta, o hacer mitad boniato y mitad patata.

CRUMBLE DE MANZANA Y PERA

Ingredientes

- 100 g de harina
- 20 g de copos de avena
- 20 g de almendras a cuadritos
- 1 cucharada de canela
- 90 g de azúcar moreno
- 125 g de margarina vegetal
- 4 manzanas variadas: pink lady, golden, granny smith…
- 4 peras variadas: ercolina, conference, limonera…
- zumo de limón

» Cortamos las manzanas y las peras a cuadritos (las podemos dejar con piel o sin), les echamos un chorrito de zumo de limón y las reservamos.

» Para preparar el *crumble* mezclamos todos los ingredientes y con las manos vamos formando bolitas de tamaños y formas irregulares. Las dejamos reposar 1 h.

» Preparamos una bandeja para el horno con la manzana y la pera en la base. Añadimos las porciones de *crumble* por encima y lo cocemos en el horno a 180 ºC una media hora.

Se puede servir caliente o frío con una bola de helado de vainilla. ¡Delicioso!

TATIN DE CIRUELAS

Ingredientes para la masa

- 300 g de harina
- 90 g de margarina vegetal
- 6 cucharadas de agua con gas
- 1 cucharada de azúcar
- una pizca de sal

Ingredientes para el relleno

- 20 ciruelas
- 1 cucharada de vainilla en polvo
- 3 cucharadas de azúcar

>> Fundimos la margarina y la mezclamos con los demás ingredientes hasta que quede una masa compacta. Formamos una bola y la dejamos enfriar unas horas en la nevera.

>> Cortamos las ciruelas por la mitad y les sacamos el hueso. En un molde apto para el horno y para el fuego (ideal de cristal) ponemos el azúcar y la vainilla al fuego y hacemos un caramelo hasta que esté muy moreno pero no llegue a negro quemado. Con mucho cuidado lo sacamos del fuego y añadimos las ciruelas de forma estratégica, que no quede ningún agujero libre.

>> Estiramos la masa, la ponemos por encima y la sellamos por dentro. La ponemos a cocer unos 40 min a 180 °C. La dejamos enfriar completamente y para desmoldar la giramos sobre un plato.

Podemos usar una masa quebrada ya preparada de supermercado (no hay veganas).

invierno

ESCUDELLA

Ingredientes para la *escudella*

- 2 zanahorias grandes
- 1 nabo
- 1 chirivía
- 1 puerro grande
- 1-2 patatas grandes
- un trozo de apio
- 1 mazorca de maíz
- un trozo de alga kombu
- un puñado de judías verdes
- un trozo de col
- un trozo de coliflor
- 2 cebollas
- 1 bote de garbanzos cocidos
- un trozo de calabaza
- 3 o 4 hojas de ensalada romana
- un poco de orégano
- un poco de tomillo
- 1 hoja de laurel
- pasta de tiburones

>> En una olla grande ponemos todos los ingredientes para la *escudella* limpios y cortados a trozos. Los dejamos cocer entre 40 min y 1 h. Si vemos que sale espuma, la retiramos.

>> Para hacer la albóndiga, en un bol juntamos el agua o caldo, la salsa de soja y perejil. En otro bol mezclamos el gluten, ajo picado, piñones troceados y pan rallado. Mezclamos el contenido de los dos boles amasando lo mínimo posible y hacemos la albóndiga. La dejamos reposar unos 20 min en la nevera. La cocemos unos 20-30 min dentro del caldo.

>> Colamos la sopa y cocemos la pasta según las indicaciones del fabricante, normalmente son unos 15 min.

Ingredientes para la albóndiga

- 250 g de gluten
- 200 g de caldo de verduras o agua
- 1 cucharada de salsa de soja
- 1 ajo picado
- perejil picado
- un puñado de piñones
- 1 cucharada de pan rallado

Servimos por un lado la sopa con los tiburones y, por otro, una fuente con las verduras y la albóndiga cortada.

CALABAZA RELLENA

Ingredientes
- 4 calabazas pequeñas
- 1 cebolla
- 1 l de caldo de verduras
- 200 g de pulpa de calabaza limpia
- 100 g de arroz cocido
- 200 ml de nata vegetal de arroz

>> Limpiamos muy bien las calabazas pequeñas y con la ayuda de una herramienta para hacer bolas, una cuchara o un cuchillo extraemos la pulpa.

>> En una olla ponemos la pulpa de las calabazas y la pulpa que teníamos extra, la cebolla cortada a cuadritos y el caldo. Lo hacemos cocer 1 h aproximadamente hasta que esté todo cocido y lo pasamos por la batidora de mano y el colador chino.

>> Añadimos la nata vegetal y corregimos de sal. Llenamos las calabazas con la crema y las metemos en el horno un cuarto de hora. Las decoramos con el arroz cocido en el momento de servir.

Se puede hacer la misma receta en una calabaza grande. ¡Hay que recordar cortar un poquito de la base para que quede recta a la hora de servir!

CREMA DE SETAS

Ingredientes

- 2 kg de mezcla de setas frescas: colmenillas, rebozuelos anaranjados, setas de Burdeos, rebozuelos, trompetas de la muerte…
- 1 patata
- 1 vaso de chupito de vino rancio
- 1 cebolla
- 1 puerro
- 2 l de caldo de verduras
- 20 g de piñones
- 200 ml de nata vegetal
- sal
- pimienta

>> Ponemos en una olla la cebolla cortada fina y el puerro a lonchas y lo salteamos unos minutos.

>> Añadimos a fuego fuerte las setas y el vino rancio. Bajamos el fuego cuando no quede líquido, removemos y añadimos la patata. La salteamos unos minutos y echamos el caldo.

>> Lo dejamos cocer 1 h aproximadamente, hasta que el caldo reduzca a la mitad.

>> Lo pasamos por la batidora de mano y por el colador chino, añadimos nata vegetal y corregimos de sal y pimienta.

Servimos la crema caliente, con piñones tostados o trufa rallada por encima.

SOPA DE CEBOLLA DE FIGUERAS

Ingredientes

- 6 cebollas de Figueras grandes
- una rama de tomillo
- 1 l de caldo de verduras
- 1 barra de chapata
- 2 dientes de ajo
- 50 g de *mozzarella* vegana
- un puñado de perejil
- 1 cucharada de aceite

>> Cortamos la cebolla en juliana y la ponemos en una olla a fuego lento con un chorrito de aceite. Dejamos que saque el agua poco a poco y cuando empiece a estar transparente, aproximadamente media hora después, añadimos la rama de tomillo y el caldo de verduras. Subimos el fuego y lo dejamos una media hora a fuego mediano.

>> Hacemos un picadillo con el ajo, el perejil y una cucharada de aceite y, con la ayuda de un pincel, lo ponemos encima de una rebanada de la chapata que habremos tostado previamente con el queso vegano por encima.

>> Preparamos boles aptos para el horno con cebolla, caldo y la tostada encima, los gratinamos unos minutos en el horno y los servimos inmediatamente.

Podemos prescindir del queso vegano o sustituirlo por almendras en polvo.

LENTEJAS ESTOFADAS

Ingredientes

- 1 cebolla
- 500 g de lentejas castellanas
- 1 pimiento verde
- 1 puerro
- 1 diente de ajo
- 1 hoja de laurel
- 2 ramas de apio
- 3 zanahorias
- 1 nabo
- un trozo de col
- 100 g de espinacas frescas
- 200 g de arroz
- sal
- caldo de verduras
- 3 cucharadas de salsa de tomate
- 1 patata hervida

>> Primero ponemos a hervir las lentejas: las limpiamos bajo el grifo y las ponemos a cocer en una olla con abundante agua fría y un chorrito de aceite durante unos 45 min a fuego medio, hasta que estén cocidas. Si hay que añadir agua, debe ser fría y tenemos que ir controlando si hace espuma para sacarla.

>> Hacemos un sofrito: en una olla, preferiblemente de hierro, ponemos el diente de ajo, la cebolla cortada a trocitos pequeños, el pimiento, el puerro, las zanahorias, la hoja de laurel, el apio cortado pequeño, el nabo y la col. Lo cocemos una media hora a fuego lento hasta que las verduras estén en su punto.

>> Añadimos el arroz y removemos hasta que los granos queden transparentes. Echamos el tomate frito y el caldo de verduras que cubra, lo dejamos cocer unos 15 min y añadimos las espinacas, la patata chafada, que hará que la salsa espese, y las lentejas. Lo cocemos unos quince minutos más y lo dejamos reposar el máximo tiempo posible.

Podemos usar patata en lugar de arroz y, si tenemos, podemos añadir un poco de chorizo vegano casero (ver receta en la página 102).

SEITÁN CASERO

Ingredientes
- 250 g de gluten
- 30 g de levadura de cerveza
- 1 cucharada de pan rallado
- 150 ml de caldo de verduras
- 60 ml de salsa de soja
- 1 cucharada de aceite de oliva
- 1 cucharada de ajo en polvo
- 1 cucharada de oréga-no
- 1 cucharada de setas de Burdeos o cualquier otra seta en polvo

>> Mezclamos todos los ingredientes secos por una parte y los líquidos por otra en dos boles separados. Echamos de un golpe todos los ingredientes del líquido dentro del sólido y amasamos no más de 5 min, hasta que se forme una bola compacta, que dejaremos reposar unos 20 min en la nevera.

>> Preparamos una olla grande y la llenamos con caldo de verduras o agua y un poco de salsa de soja. Añadimos la bola de seitán y la ponemos al fuego durante unos 50 min. La dejamos enfriar dentro del agua de cocción.

Si cocinamos el seitán cortado a tiras o estirado con la mano, se cocerá más rápido que una bola y lo podremos congelar en su agua de cocción (que también podemos aprovechar para guisos).

FRICANDÓ

Ingredientes

- 2 bolas de seitán casero cortadas a filetes o 20 filetes de soja vegetal deshidratados
- 2 cebollas
- 200 ml de vino rancio o moscatel
- 1 l de caldo de verduras o agua de la cocción del seitán
- 100 g de carrerillas o senderuelas secas

Ingredientes para la *picada*

- 1 diente de ajo
- un puñado de avellanas
- perejil
- 1 rebanada de pan
- un puñado de almendras

>> En una olla de barro o hierro ponemos a confitar las cebollas cortadas menudas con un chorrito de aceite de oliva y las cocemos un buen rato, hasta que estén como mermelada.

>> Hidratamos las setas dentro del caldo que tenemos preparado, y si hemos escogido los filetes de soja, también. Si hemos escogido seitán, lo cortamos a filetes muy finos.

>> Añadimos las setas y el vino a la cebolla, lo dejamos reducir y añadimos los filetes y el caldo. Lo cocemos una media hora, hasta que estén tiernos.

>> Hacemos la *picada* con un mortero hasta que quede una pasta y la añadimos a la olla. Lo dejamos unos 15 min más, hasta que la salsa esté espesa.

Podemos hacer el fricandó con níscalos y poniendo zanahoria a la salsa, pero la receta más fiel al original es esta.

REDONDO DE SEITÁN RELLENO DE MANZANAS Y CIRUELAS CON SALSA OPORTO

>>>

Ingredientes para el redondo

- 250 g de judías blancas
- 250 ml de caldo de verduras
- 75 ml de salsa de soja
- 75 ml de aceite de oliva
- 75 g de concentrado de tomate
- 25 g de levadura de cerveza en copos
- ½ cucharada de cebolla en polvo
- tomillo
- pimienta roja
- 1 ajo picado
- orégano
- especies al gusto
- 500 de gluten

Ingredientes para el relleno

- 2 cebollas
- 2-3 manzanas fuji
- un puñado de ciruelas
- 1 diente de ajo picado
- un puñado de piñones
- sal
- una pizca de canela

Ingredientes para la salsa

- 4 chalotas
- 1 hoja de laurel
- 1 vaso de caldo de verduras
- 1 cucharada de almidón de maíz
- 1 vaso de oporto

Elaboración del redondo

>> Precalentamos el horno a 180 ºC.

>> Con una batidora de mano, trituramos las judías, el caldo, la salsa de soja, el aceite de oliva, el concentrado de tomate, la levadura, el orégano, las especies al gusto, el tomillo, la pimienta roja, el ajo y la cebolla.

>> Ponemos la harina de gluten en un bol grande, añadimos la mezcla anterior de un golpe y removemos hasta que esté muy incorporada. Amasamos la mezcla durante 5 min.

>> Estiramos la masa con la ayuda de un rodillo y hacemos un cuadrado, cuesta muy poco manipularla.

Elaboración del relleno

>> En una olla, ponemos a freír las cebollas con el diente de ajo picado. Cuando esté transparente, añadimos las manzanas, las ciruelas cortadas a trozos y los piñones. Lo dejamos cocer hasta que todo esté en su punto. Añadimos sal y canela y lo dejamos reposar.

>> Ponemos el relleno sobre la placa de gluten estirada y hacemos un redondo, apretando para que quede compacto. Tapamos el redondo con papel de plata y lo metemos en el horno 1 h aproximadamente a 180 ºC (a la media hora le damos la vuelta).

>> Mientras tanto, hacemos la salsa oporto.

Elaboración de la salsa

>> En un cazo, pochamos las chalotas con la hoja de laurel y cuando estén transparentes añadimos el vino. Subimos el fuego, dejamos reducir el alcohol y añadimos el caldo (reservamos un poco aparte). En un vaso, mezclamos el almidón con el caldo frío que hemos reservado y lo añadimos a la salsa. La dejamos espesar.

Si podemos, dejamos reposar el redondo cocido durante una noche, lo cortamos a lonchas una vez frío y lo servimos con la salsa.

ALBÓNDIGAS CON PISTO

Ingredientes para las albóndigas
- 150 g de proteína de soja
- 1 cucharada de gluten
- 1 diente de ajo picado
- 1 cucharada de perejil picado
- 1 cucharada de pan rallado
- sal
- pimienta

Ingredientes para el pisto
- 1 cebolla
- 1 calabacín
- 1 pimiento rojo
- 1 berenjena
- 1 diente de ajo
- 1 lata de tomates enteros
- 1 hoja de laurel
- pimienta negra
- 1 bote de salsa de tomate frito

>> Preparamos las albóndigas: ponemos la soja texturizada a remojo en agua caliente y un chorrito de salsa de soja (o caldo de verduras). La escurrimos muy bien y mezclamos todos los ingredientes en un bol. Lo dejamos reposar en la nevera.

>> Para el pisto, cortamos las verduras a trocitos y las empezamos a sofreír en aceite de oliva por este orden: cebolla (con el ajo troceado y el laurel), pimiento rojo, calabacín, berenjena, los tomates enteros y la salsa. Las cocemos hasta que todas las verduras estén en su punto.

>> Hacemos las albóndigas, las pasamos por harina, las freímos y las añadimos a la salsa.

Podemos añadir especies a la masa de las albóndigas para que sean más sabrosas.

ACELGAS CON PATATAS AL AJILLO

Ingredientes
- un manojo de acelgas frescas
- 3 patatas
- 2 dientes de ajo
- aceite de oliva virgen

≫ En una olla con abundante agua ponemos las acelgas muy limpias cortadas a trocitos pequeños. Añadimos las patatas "a cachelos" y lo dejamos cocer unos 30 min, hasta que todo esté en su punto.

≫ En una olla de hierro ponemos un buen chorro de aceite de oliva virgen y los dientes de ajo cortados a trocitos. Antes de que cambien de color, añadimos las acelgas muy escurridas y las salteamos unos minutos. Añadimos sal y pimienta a nuestro gusto y servimos.

Si encontramos las acelgas de colores, son muy sabrosas.

BRÓCOLI ROMANESCO GRATINADO CON PISTACHOS

Ingredientes
- 1 brócoli romanesco
- 2 patatas
- 80 g de margarina vegetal
- 80 g de harina
- 500 g de leche de soja
- nuez moscada
- sal
- pimienta blanca
- 100 g de pistachos pelados

>> Preparamos la bechamel: fundimos la margarina vegetal hasta que esté líquida y entonces añadimos la harina. Doramos el *roux* y añadimos la leche sin parar de remover, hasta que se vaya espesando. Corregimos de sal y pimienta y añadimos la nuez moscada en polvo.

>> En una olla ponemos a cocer las patatas enteras sin piel y el brócoli (para que huela menos, a la hora de cocerlo lo ponemos entero), lo llevamos a ebullición y lo paramos cuando esté blando.

>> Separamos los arbolitos de brócoli y ponemos en una bandeja apta para el horno una base de patata hervida (con un poco de sal) chafada con un tenedor, los arbolitos encima y lo cubrimos con bechamel. Añadimos los pistachos triturados o en polvo y lo gratinamos unos minutos.

Podemos hacer la misma receta con coliflor o col.

ROLLITOS DE COL CON SALSA AURORA

Ingredientes
- 1 col de olla

Para el relleno
- 200 g de setas de cardo
- 1 cebolla
- 1 calabacín
- 1 puerro
- 2 cucharadas de bechamel
- 200 g de arroz cocido

Para la salsa
- 80 g de margarina vegetal
- 80 g de harina
- 800 ml de leche de soja
- 100 g de salsa de tomate

>> Primero hervimos la col: separamos las hojas enteras y las cocemos unos minutos hasta que se puedan manipular y doblar.

>> Preparamos la salsa: fundimos en un cazo la margarina, añadimos la harina y la dejamos cocer unos minutos a fuego lento. Añadimos la leche y no paramos de remover hasta que espese. Reservamos dos cucharadas para el relleno y al resto le añadimos el tomate frito. La corregimos de sal y la reservamos.

>> Para preparar el relleno, ponemos en un *wok* la cebolla en juliana, el calabacín a tiras y el puerro. Añadimos las setas de cardo y lo salteamos hasta que todo está en su punto. Lo mezclamos con el arroz y las dos cucharadas de bechamel reservadas.

>> Rellenamos cada hoja de col con la preparación y echamos la salsa por encima.

En lugar de las setas se puede usar para rellenar seitán o soja texturizada, lo que más nos guste.

HAMBURGUESA DE PORTOBELLO Y BERENJENA

Ingredientes
- 400 g de champiñones portobello
- 2 berenjenas
- 150 g de pan rallado
- 1 vasito de vinagre balsámico

>> Ponemos en una bandeja en el horno las berenjenas a dados y los portobello. Lo rociamos con el vinagre balsámico y lo dejamos cocer unos 25 min a 180 ºC, hasta que esté todo blando.

>> Picamos los ingredientes con una trituradora y con las manos añadimos el pan rallado y formamos las hamburguesas. Las pasamos por la plancha con un poco de aceite y las servimos con un panecillo y ensalada.

Dependiendo de la marca de pan rallado, nos hará falta más o menos: tiene que quedar consistente. Para darle forma de hamburguesa, podemos ponerla en un aro de pastelería o en un molde especial para hamburguesas.

CROQUETAS DE CHAMPIÑONES CON CANELA

Ingredientes

- 1 kg de champiñones
- 1 cebolla
- 1 cucharada de canela
- 80 g de margarina vegetal
- 100 g de harina
- 600 ml de leche vegetal
- pan rallado
- leche de soja
- sal

>> Limpiamos los champiñones y los cortamos por la mitad.

>> En una olla, ponemos un chorrito de aceite, añadimos la cebolla a trocitos, los champiñones y la canela y lo dejamos cocer unos 20 min, hasta que queden muy cocidos y sin el agua de la propia seta. Los reservamos.

>> Preparamos la bechamel muy espesa: fundimos la margarina vegetal y añadimos la harina hasta que forme el *roux*. Añadimos la leche y no paramos de remover hasta que esté muy espesa.

>> Trituramos los champiñones y los añadimos a la masa de la bechamel. La dejamos reposar una noche tapada con papel film.

>> Formamos bolitas y las pasamos por leche de soja. Damos forma a las croquetas y las pasamos por pan rallado. Repetimos por leche y pan, así quedarán más crujientes.

>> Las freímos en abundante aceite de girasol de cuatro en cuatro y las dejamos sobre un papel de cocina para que absorba el exceso de aceite.

TEMPEH GUISADO CON SALSA DE VINO DEL PRIORAT

Ingredientes
- 400 g de *tempeh*
- 1 cebolla
- 1 vasito de vino del Priorat
- una ramita de romero
- 1 diente de ajo sin pelar
- aceite
- harina
- 100 ml de salsa de tomate
- 200 ml de caldo de verduras
- 200 g de guisantes

» Antes que nada, cortamos el *tempeh* a dados y los pasamos por la harina. Los freímos con un poco de aceite y los reservamos.

» En una cazuela, ponemos la cebolla cortada en juliana y los guisantes frescos. Los salteamos unos minutos a fuego lento con la ramita de romero y el diente de ajo entero. Añadimos el vaso de vino, subimos el fuego, dejamos que se evapore el vino y lo volvemos a bajar. Añadimos la salsa de tomate y el caldo de verduras, echamos el *tempeh* y lo cocemos unos 20 min a fuego lento.

Podemos hacer la misma receta con tofu duro, con seitán o con filetes de soja.

ÑOQUIS AL PESTO

Ingredientes para los ñoquis

- 1 kg de patatas rojas
- 300 g de harina
- 1 cucharada de sal

Ingredientes para el pesto

- un manojo de albaha-ca fresca
- 50 g de piñones
- 2 dientes de ajo
- 1 vaso de aceite de oliva virgen
- 50 g de nueces

›› Ponemos las patatas enteras en una bandeja en el horno a 200 ºC durante 1 h, hasta que estén cocidas. Las dejamos enfriar un poco y con un aparato especial para hacer puré de patata (o con un tenedor) las vamos chafando y añadimos la harina y la sal. Lo trabajamos hasta que se forme una pasta compacta, hacemos tiras largas y las dejamos reposar envueltas en papel film en la nevera durante 1 h.

›› Preparamos el pesto triturando todos los ingredientes con una batidora de mano.

›› Cortamos los ñoquis a trocitos y los ponemos a cocer en abundante agua salada. Los sacamos cuando empiecen a flotar, son unos 3 o 4 minutos de cocción.

›› Los servimos inmediatamente con la salsa por encima.

Los podemos aplastar un poco con la punta de un tenedor y así absorberán mejor la salsa.

ESPINACAS A LA CREMA

Ingredientes
- 2 kg de espinacas frescas
- un puñado de pasas
- 50 g de piñones
- un chorrito de aceite
- 3 chalotas
- 40 g de margarina
- 40 g de harina
- 500 ml de nata de soja

>> En una olla grande ponemos las espinacas a hervir con un poco de agua hasta que estén cocidas. Las colamos y las reservamos.

>> En una olla ponemos las chalotas cortadas muy pequeñas y las salteamos con la margarina. Cuando estén transparentes, añadimos la harina y lo mezclamos bien hasta que quede muy integrada. Echamos las espinacas, las pasas, los piñones, unas gotitas de aceite y la nata de soja, removemos y corregimos de sal y pimienta.

Podemos gratinarlas con un poco de queso vegano o almendra en polvo por encima y servirlas en cazuelitas individuales.

CALÇOTS EN TEMPURA

Ingredientes
- 20 *calçots*
- 250 g de harina para rebozar sin huevo
- 1 l de agua con gas muy fría
- un chorrito de cerveza fría
- sal

» Pelamos y limpiamos los *calçots* y los ponemos en una bandeja en el horno unos 10 min, hasta que estén un poco cocidos (también los podemos cocinar unos 5 min en el microondas o al vapor, como prefiramos, pero así estarán algo más blandos). Los dejamos enfriar.

» Preparamos la tempura mezclando todos los ingredientes y pasamos los *calçots* por la mezcla. Los freímos en abundante aceite muy caliente y los dejamos unos minutos sobre un papel de cocina absorbente.

Los servimos acompañados de salsa *romesco* o alioli.

PORRUSALDA

Ingredientes

- 2 kg de puerros
- 1 cebolla
- 500 g de patatas
- 2 zanahorias
- un trocito de calabaza
- caldo de verduras
- un chorrito de aceite de oliva virgen

≫ Ponemos en una olla la cebolla cortada a tiras, la calabaza a trocitos, los puerros y las zanahorias a lonchas y las patatas cortadas "a cachelos" con un poco de aceite de oliva. Echamos el caldo de verduras y lo cocemos a fuego medio una media hora, hasta que las verduras estén bien cocidas.
≫ Cortamos una barra de pan a daditos y los freímos en abundante aceite. Los reservamos y los añadimos a la *porrusalda* caliente.

Podemos añadir copos de alga nori a la hora de servir.

SÁNDWICH CALIENTE DE TOMATES CEREZA SECOS Y RÚCULA

Ingredientes

- 4 cocas de aceite
- 200 g de tomates cereza secos
- 2 aguacates
- 200 g de aceitunas negras de empeltre
- un puñado de rúcula
- 1 loncha de queso vegano (opcional)

>> Abrimos las cocas por la mitad.

>> Hidratamos los tomates secos durante unos minutos.

>> Trituramos las aceitunas junto con una cucharada de aceite de oliva con una batidora.

>> Cortamos los aguacates a tiras.

>> Empezamos a llenar las cocas: primero las untamos con la olivada, añadimos el aguacate a láminas, encima ponemos los tomates secos, la loncha de queso y la rúcula.

>> Las ponemos en una sandwichera o en una sartén y las dejamos cocer unos 5 min.

Podemos añadir champiñones laminados crudos, germinados, *hummus*…

COOKIES DE CHOCOLATE Y AVELLANAS

Ingredientes
- 80 g de chocolate al 70%
- 60 ml de leche de soja
- 80 ml de aceite vegetal
- 120 g de azúcar moreno
- 220 g de harina para pastelería
- 1 cucharada de levadura
- 125 g de cacao puro
- 40 g de avellanas

≫ Fundimos el chocolate al baño maría o en el microondas. Cuando esté líquido, añadimos la leche de soja, el aceite y el azúcar y removemos muy bien.

≫ En otro bol, mezclamos y tamizamos la harina, la levadura y el cacao. Lo echamos sobre la mezcla anterior y lo removemos con una espátula de madera. En el último momento, añadimos las avellanas cortadas a trocitos.

≫ Ponemos las *cookies* en una bandeja en el horno a 170 °C unos 15 min. Sacamos la bandeja del horno, las dejamos reposar unos 2-3 min y, con mucho cuidado y con la ayuda de una espátula, las movemos y las depositamos sobre una rejilla para que se enfríen.

Se pueden hacer con nueces de Brasil, pistachos o cualquier otro fruto seco.

BROWNIE

Ingredientes

- 300 g de chocolate
- 30 g de cacao en polvo
- 250 g de margarina
- 160 ml de leche de soja
- 200 g de azúcar
- 50 g de fécula de patata
- 1 cucharada de levadura
- 180 g de harina
- 100 g de nueces a trocitos

» En un bol, mezclamos la harina, la levadura, la fécula y el azúcar y lo reservamos.

» En otro bol ponemos a fundir (en el microondas o al baño maría) el chocolate con la margarina. Cuando esté líquido, añadimos la leche de soja y el cacao.

» Echamos la primera mezcla en el bol del chocolate y lo mezclamos muy bien. En el último momento añadimos las nueces a trocitos.

» Lo cocemos en un molde forrado de papel para el horno a 180 ºC durante 40-50 min aproximadamente.

Cocemos la masa en un molde grande para que el *brownie* no suba mucho. Podemos echar por encima azúcar glas o cacao en polvo.

MOUSSE DE CHOCOLATE

Ingredientes
- ½ bloque de tofu suave
- 1 bote de nata de soja para montar
- 200 g de chocolate negro

>> Metemos la nata de soja en la nevera y la montamos.
>> Fundimos el chocolate negro en el microondas o al baño maría y añadimos el tofu. Lo mezclamos hasta que el tofu quede integrado y añadimos la nata montada.
>> Lo dejamos enfriar y lo servimos en copas.

También podemos usar nata de coco para montar y añadir aroma a la *mousse*, por ejemplo, ¡de menta o naranja!

BIZCOCHO DE LIMÓN

Ingredientes

- 700 g de harina
- 50 g de fécula de patata
- una pizca de sal
- ½ sobre de levadura de pastelería
- 2 cucharaditas de bicarbonato
- 450 g de azúcar
- 160 ml de aceite de girasol
- 320 ml de leche de soja
- 2 cucharadas de vinagre de manzana
- 3 cucharadas de compota de manzana
- la piel de 2 limones

>> En un bol, ponemos los ingredientes secos (harina, fécula de patata, sal, bicarbonato y levadura) todos juntos y los tamizamos.

>> En el vaso donde tenemos la leche, añadimos el vinagre de manzana hasta que se corte y removemos.

>> Mezclamos en otro bol el azúcar, el aceite y la compota y añadimos la leche de soja cortada. Lo mezclamos todo muy bien.

>> Añadimos a este bol la mezcla del primer bol y lo mezclamos muy bien hasta que no queden grumos. Rallamos el limón muy limpio y añadimos la piel.

>> Llenamos el molde y lo cocemos a 175-180 °C hasta que lo pinchemos y salga seco.

PLUM CAKE DE NARANJA

Ingredientes

- 200 g de harina
- 120 g de azúcar
- 50 g de harina de tapioca
- 1 cucharadita de levadura de pastelería
- una pizca de bicarbonato
- una pizca de sal
- 80 ml de aceite de girasol
- 120 ml de leche de soja
- 1 cucharada de vinagre de sidra
- la piel de 1 naranja rallada
- 75 g de chips de chocolate

>> En un bol, mezclamos todos los ingredientes secos (harina, tapioca, bicarbonato, sal y levadura), los pasamos por un colador y los reservamos.

>> En otro bol, ponemos la leche de soja y la cortamos añadiendo el vinagre y dejándolo reposar. Removemos, añadimos el azúcar, el aceite, la piel de naranja rallada y los chips de chocolate y removemos bien otra vez. Le vamos echando la mezcla seca en tandas hasta que quede una masa fina y sin grumos.

>> Ponemos la masa en un molde de *plum cake* y la cocemos a 180 ºC unos 45-50 min. Lo dejamos enfriar y lo servimos.

Podemos hacer la versión *plum cakes* individuales: haremos lo mismo pero la cocción será mucho más rápida.

ÍNDICE